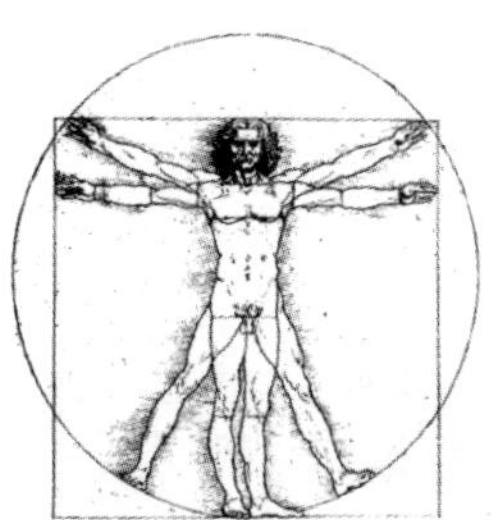

致明日世界的构思者

我的简史

MY BRIEF HISTORY

史蒂芬·霍金 / 著　吴忠超 / 译

STEPHEN HAWKING

湖南科学技术出版社

MY BRIEF HISTORY

STEPHEN HAWKING

BANTAM BOOKS NEW YORK

Published in the United States by Bantam Books, an imprint of The Random House Publishing Group, a division of Random House LLC, a Penguin Random House Company, New York.

BANTAM BOOKS and the HOUSE colophon are registered trademarks of Random House LLC.

Illustration credits appear on page 127.

Published simultaneously in the United Kingdom by Bantam Press, part of Transworld Publishers, a member of The Random House Group, London.

Portions of this work originally appeared in different form as part of lectures given by the author throughout the years.

LIBRARY OF CONGRESS CATALOGING-IN-PUBLICATION DATA
Hawking, Stephen.
My brief history / Stephen Hawking.
pages cm
ISBN 978-0-345-53528-3 — ISBN 978-0-345-53913-7 (eBook)
1. Hawking, Stephen, 1942- 2. Physicists—Great Britain—Biography.
3. Cosmology. 4. Black holes (Astronomy) I. Title.
QC16.H33A3 2013
530.092—dc23
[B]
2013027938

Printed in the United States of America on acid-free paper

www.bantamdell.com

9 8 7 6 5 4 3 2 1

First Edition

Book design by Liz Cosgrove

史蒂芬·霍金其他著作

时间简史

霍金讲演录（黑洞、婴儿宇宙及其他）

时间简史（插图版）

果壳中的宇宙

时间简史（普及版）
（和列纳德·蒙洛迪诺）

大设计
（和列纳德·蒙洛迪诺）

童　书

乔治的宇宙：秘密钥匙
（和露西·霍金）

乔治的宇宙：寻 宝 记
（和露西·霍金）

乔治的宇宙：大 爆 炸
（和露西·霍金）

即将出版

乔治的宇宙：不可破译的密码
（和露西·霍金）

乔治的宇宙：太空勘探者
（和露西·霍金）

给威廉、乔治和罗斯

For William, George and Rose

目录

中文版序

全球学界期盼已久的霍金自传《我的简史》终于出版了。这部书必将和有史以来一些思想家的自传，如圣·奥古斯丁的《忏悔录》、阿伯拉尔的《我的苦难史》和卢梭的《忏悔录》一样，传诸后代。它的问世也使其他霍金传记顷刻黯然失色。

霍金诞生于1942年1月8日，这天正是伽利略的300年忌日，而牛顿又恰巧诞生于伽利略逝世的那一年，这似乎暗示着霍金一生的使命。霍金70岁生日之际，剑桥大学和国际同仁为他举办了“宇宙的态”的学术会议，并从全球各地邀来霍金的学界友人、过去的合作者和学生共100余人聚会庆祝。译者是来自两岸三地学术机构的唯一受邀者。生日晚宴在最负盛名的三一学院举行，这里正是牛顿在几年间从一个农家子弟成长为科学巨人的圣殿，也是科学乃至学术史中许多伟大变革的舞台。从这里走出的哲学家弗兰西斯·培根、罗素、维特根斯坦，诗人拜伦，科学家麦克斯韦、汤姆孙、卢瑟福等一连串光辉的名字无不让人敬仰有加。

可惜由于霍金的健康状态，医生不允许他在庆典的几天里亲临出席。我有幸在宴会中和他的第一任夫人简交谈并留影纪念。简告诉我，她的高祖父是宁波的教师，她的曾祖父也许为了逃避呆板的教育，去澳大利亚闯荡谋生时邂逅来自英国的曾祖母，所以她具有八分之一华人血统。她希望能在中国找到有关记录。霍金在生日前预先录制了题为《我的简史》的视频，并让在宴会之前向来宾播放。它是这部自传的雏型。

一个历史人物的任何传记都无法取代自传。人的精神世界如此丰富并不停演化，它是不可能被复制的，也不可能被他人精确摹写。况且，本书传主已被大众媒体塑造成先知的形象，而他的已有传记的角度都是仰视的。

霍金是第十七任剑桥大学卢卡斯数学教授。他是当代最著名的健在的科学家。他的最重要的贡献是黑洞蒸发理论和宇宙创生理论。

和《时间简史》只纳入爱因斯坦的质能等效公式一样，本书仅纳入了一个公式，即霍金的黑洞熵公式：在普朗克单位下，黑洞的熵等于黑洞视界面积的四分之一；在通常单位下，光速、万有引力常数、普朗克常数和玻尔兹曼常数在这个公式中都显现出来。这体现出引力论、量子论和热物理在霍金黑洞辐射的场景中得到了统一。

当今，绝大多数物理学家都已接受了霍金的黑洞蒸发理论。如果说半个世纪前人们还对黑洞的存在心存疑虑，那么现在这个疑虑已经烟消云散了。可惜的是，太阳质量数量级的黑洞的霍金温度只有百万分之一开左右，它被淹没在宇宙微波辐射的2.7开的背景之中。这就使他还未得到诺贝尔物理学奖。其实，相对论的理论工作从未得到过诺贝尔奖。

如果说爱因斯坦的广义相对论提出引力由时空的弯曲来体现，那么霍金的黑洞蒸发理论发现了引力或时空的热性。几十年来，引力物理学家从这个理论出发，发展出引力全息原理等许多激进的观念。狭义相对论抛弃了多余的以太思想，广义相对论摆脱了绝对时空观念，而物理学在霍金黑洞理论后面临的一个重大问题是，时空和熵哪个更基本的本体论问题。我们的时空观离开100年前的爱因斯坦理论相当远了，更不用说离开300年前的牛顿理论了。我们知道，传说中的伽利略的比萨斜塔实验的真正含义，300多年后才被爱因斯坦的广义相对论完全揭示出来，由此变革了人类的时空观和宇宙观。可以想象，霍金发现黑洞辐射的变革性影响会在未来的岁月渐次显现，其意义的深远甚至不亚于寻求到统一理论。

1980年代初，他和哈特尔提出了量子宇宙学的无边界设想：宇宙的边界条件是它没有边界。这就实现了无中生有的宇宙量子创生场景，并一劳永逸地在原则上解决了困扰人类千年的第一推动问题。宇宙学从此才有了预见性：宇宙中的一切单凭物理定律就能被推出。从此，宇宙学不仅是自洽的，而且是自足的。上帝和造物主在他的理论中都无存身之处。而且他还认为，宇宙存在无非就是一族相互协调的并和观测一致的自然定律。

那么，霍金的两个主要贡献哪个更重要呢？2004年12月10日，他在剑桥的办公室对我说了如下的话：“别人认为黑洞理论更重要，因为它已被接受，但我认为无边界设想更重要。”

他的一生除了在科学前沿攻城略地外，就是应邀到全球讲学。此外，他还亲自上天做零重力飞行，也曾乘潜水艇下到海底，目前正准备做太空旅行。1982 年，我建议他访问中国科技大学并帮助他联系，促进了他 1985 年的首次访华。2002 年和 2006 年他又第二次和第三次来华访问，并且由我陪同和翻译。2006 年 3 月 7 日，霍金在他任职的基斯学院单独邀请我上席晚宴，我们在最轻松的气氛中交谈了 3 小时，为他第三次访华做仔细计划。他深情地回忆自己当年访问合肥、北京和杭州的情景。在本书中他选用我在天坛为他第三次访华时拍摄的留影。始建于 1420 年的天坛，是世界上最大的祭天建筑群，也是北京的城市标志。在他一生中，记者和随行人员在全球为他拍的照片何止万千，他特别选用了这么一张，可见他对中国留下多么深刻的印象。

霍金是剑桥这个孕育了牛顿、达尔文、麦克斯韦、狄拉克等无数学者的学术圣地和 1970 年代的时空交汇点涌现的智慧英雄。如果我们以大尺度来看宇宙，也只有这一流人物及业绩和星空同在。

吴忠超

2013 年 8 月 26 日于杭州望湖楼

MY BRIEF HISTORY

第一章

童年

CHILDHOOD

我的父亲弗兰克出生于英格兰约克郡的佃农世家。他的祖父，即我的曾祖父约翰·霍金曾是一位富庶的农人，可惜他购进了太多农场，而在上世纪初农业不景气时破产。他的儿子罗伯特——我的祖父试图帮助他的父亲，但自己也破产了。幸运的是，我的祖母在巴勒布里奇拥有一幢房子，她在那里办学，并由此获得微薄收入。这样他们就能设法送自己的儿子去牛津学习医学。

我的父亲赢得过一系列奖学金和奖金，除去自己花销，还能节余一些钱寄给父母。后来他进入热带医学研究领域，并在 1937 年旅行到东非作考察研究。二战开始时，他作了一次横跨非洲的陆路旅行，到达过刚果河，然后乘船回到英格兰，志愿做军事服务。然而，别人告诉他，他从事的医学研究更有价值。

我母亲出生于苏格兰的邓福姆林，是一位家庭医生的八个子女中的老三。老大是患唐氏综合症的女孩，她独自与保姆生活直到 13 岁死去。在我母亲 12 岁时全家搬到南部的德文。和我父亲的家庭一样，她的家庭连小康都算不上。尽管如此，他们也设法把我母亲送到牛津上学。从牛津毕业之后，她从事过不同职业，包括她不喜欢的税务稽查员。后来她放弃这个工作成为一名秘书，于是在二战早期邂逅了我的父亲。

我出生于 1942 年 1 月 8 日，正是伽利略去世三百周年的忌日。然而，我估计这一天出生的大约有二十万个婴儿，但我不知道他们之中是否还有其他人后来对天文学感兴趣。

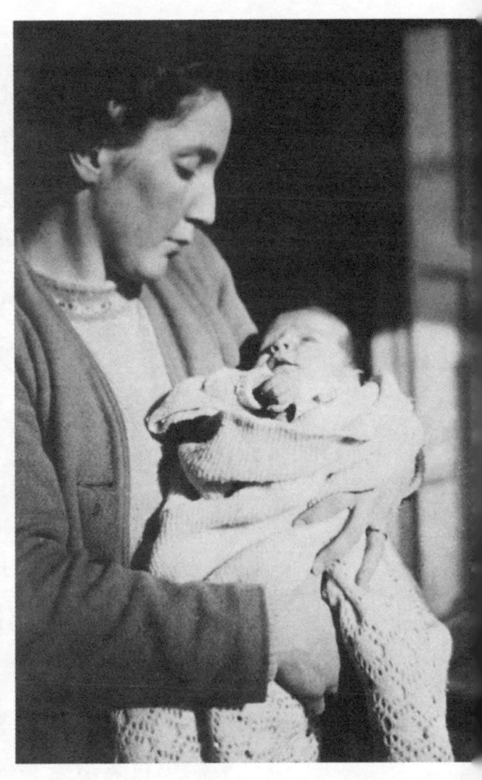

我父亲和我
我母亲和我

尽管我的父母住在伦敦，我却是在牛津诞生的。这是因为在二战期间，德国人同意不轰炸牛津和剑桥，以换取英国人不轰炸海德堡和格丁根的承诺。可惜这类文明的安排不能被扩展到更多的城市。

我们住在北伦敦的海格特。我的妹妹玛丽在我诞生之后的 18 个月出生。我听长辈说，我并不欢迎她的到来。我们整个童年时期关系都有些紧张，部分原因是我们俩的年龄差距微小。然而，成年后，由于各走各道，这些紧张都消弭于无形。她成为一名医生，这使我父亲很高兴。

我的妹妹菲利帕在我快 5 岁时诞生，这个时候我就能较清楚地明白发生了什么。我能记得盼望着她的来临，这样我们就可以三个人一起玩游戏。她是一个脾气急峻、悟性很高的小孩，而我总是尊重她的判断和意见。我的弟弟爱德华是晚很多才被我家收养的，那是在我 14 岁时的事，所以他几乎没有进入我的童年生活。他和我们其他三个孩子非常不同，是完全非学术、非智力型的，这或许对我们是一件好事。他是一个相当难缠的小孩，但是人们禁不住喜欢他。他死于 2004 年，死因永远无法确定；最可能的解释是他用于翻修其公寓的胶发出的烟雾使他中毒。

玛丽、菲利帕和我

我和同胞姐妹在海滩上

我最早的记忆是站在海格特的拜伦宫学校的托儿所嚎啕大哭。我周围的所有小孩都在玩似乎非常美妙的玩具，而我想参与进去。但是我只有两岁半，这是我第一回被放到我不认识的人中间，我很害怕。我认为我的父母对我的反应颇为惊讶，因为我是他们的第一个孩子，而且他们依从儿童发育教科书，书上讲孩子在两岁时就应该准备开始社交。不过他们在这个可怕的上午之后即把我带走，在一年半的时间里不再把我送回拜伦宫。

那时，也就是二战时期以及战后不久，海格特是一些科学家和学术界人士居住的区域。（在另一国家他们会被称作知识分子，但是英国人从不承认有什么知识分子。）所有这些父母都把孩子送进拜伦宫学校，这是一所当时非常先进的学校。

我记得我对父母抱怨说，这所学校从未教我任何东西。拜伦宫的教育者们不相信那时被认可的灌输教育法。相反地，你被假定自己学习读书而没有意识到是被教的。我终于到相当晚的八岁才学会阅读。我的妹妹菲利帕被用更传统的方法教会阅读，四岁时即能阅读。但那时，她肯定比我聪明。

我们住在一幢高大的、狭窄的维多利亚风格的房子里，这是我父母在二战时期以非常便宜的价格购置的，当时人人都以为伦敦将被炸平。事实上，一枚 V–2 火箭就落到离我们家只有几间房子远的地方。当时我和母亲、妹妹都出门了，只有父亲在家。幸运的是，他没有受伤，而房子也没有受到重创。

闪电战期间的伦敦

伦敦海格特我们的街道

但是在后来许多年路上留下了一个大弹坑，我经常和朋友霍华德在那儿玩，他住在另一个方向和我们隔着三个门的房子。因为霍华德父母不像其他我认识的所有朋友的父母，不是知识分子，所以他对我而言是一种启示。他进郡立学校，而不是拜伦宫，而且他通晓足球和拳击，这都不是我父母梦寐以求地追随的运动项目。

另一个早期回忆是我得到的第一组火车玩具。二战时英国不制造玩具，至少不为国内市场制造。但是我对火车模型有强烈兴趣。父亲试图给我造一列木质火车，但它没有使我满足，由于我需要某种自己能运动的东西。于是他搞到了一列二手的发条火车，用烙铁修理好，在我快 3 岁时送给我作圣诞礼物。那列火车走得不很好。不过我父亲在二战刚结束时去了趟美国，当他坐玛丽皇后号回来时，他给我母亲带了一些尼龙，那是当时在英国得不到的。他为我妹妹玛丽带回一个玩偶，它能一躺下来就闭上眼睛。而他给我带了一列美国玩具火车，还包括排障器和八字轨道。我还记得在我打开盒子时的激动。

必须上发条的发条火车已经非常好了，但我真正想要的是一列电动火车。我时常花费几个小时观看海格特附近克劳奇恩德的火车模型俱乐部的设计。我朝思暮想有一列电动火车。终于，当我父母都出门到什么地方去时，我抓住机会从邮局银行取出非常有限的钱，这些钱是人们在特殊场合例如受洗时给我的。我用这钱买了一列电动火车。但是令人非常沮丧的是，它也运行得不很好。我应该将它退回去要求商店或者制造厂家更换一个新的，但当时的看法是，买某种东西是一种特权，如果

我和我的火车玩具

东西有毛病只得自认倒霉。于是我花钱去修理马达，甚至修理之后它也一直未能运行得很好。

后来，在我十几岁时，我建造了飞机模型和船模型。我的手工从来就笨拙，但我是和学友约翰·麦克列纳翰一起做的，他比我灵巧得多，他的父亲在自己家里有车间。我的目标总是建造一个我能控制的运行的模型。我不在乎它们外表如何。我想正是同一种动因驱使我和另一位学友罗杰·芬尼豪一道发明了一系列复杂的游戏。有一种制造业游戏，附有生产不同颜色产品的工厂，运输这些产品的公路和铁轨以及股票市场。有一种战争游戏，在包括 4000 个方块的板上玩，甚至还有封建游戏，在这游戏中每一个玩家都是有家谱可查的整个王朝。我以为这些游戏，还有火车、船舶和飞机都是来自要了解系统如何运行和如何控制它们的强烈愿望。从我开始攻读博士学位开始，我对宇宙学的探索满足了这个需求。如果你理解宇宙如何运行，在某种程度上，你就控制了它。

我们在圣奥尔本斯的房子

第二章

圣奥尔本斯

ST. ALBANS

1950年，我父亲的工作地点从海格特附近的汉姆斯特德搬到位于伦敦北面边缘的米尔山的新建的国立医学研究所。对他而言，与其从海格特往外通勤，不如全家搬离伦敦而向里通勤上班。因此我父母在圣奥尔本斯的教堂城买了一幢房子，这个城大约在米尔山以北十英里、伦敦中心以北二十英里的地方。这是一幢维多利亚风格的巨宅，有几分优雅和别致。我父母购买此房时并不富裕，在我们搬进去之前他们不得不做许多装修。此后我的父亲，凭着他那约克人的脾气，拒绝再花钱做任何进一步的修缮，却也尽力不使它老化并不停重新上漆。但这是一桩大房子，而他干这类事情比较笨拙。然而，由于这幢房子建造得很坚固，所以经受得住这种忽视。当 1985 年我父亲病重时将它出售了，这是他死前一年的事。我最近再次看到了这所房子——似乎它从未被修理过。

这房子是为带佣人的家庭设计的，因而在食品储存室有块指示板显示在哪个房间有人按铃。我们当然没有佣人，但我最早的卧室是一个 L 形的小房间，过去那间应是女仆的房间。我要这间房子是因为我表姐萨拉的建议，她比我稍大一些，而我很佩服她。她说我们在那里可以玩得很开心。这个房间的一个吸引人之处是可以从窗户往外爬到自行车棚的顶部，再从那里回到地面。

萨拉是我母亲大姐珍妮特的女儿，她被培养成一名医生并和一名精神分析学家结婚。他们住在再往北五英里的一个乡村哈彭登，房子和我们的很像。离他们家近一些正是我们搬到圣奥尔本斯的原因之一。和萨拉接近使我获得意外的好处，就是我可以经常乘公共汽车去哈彭登看望她。

圣奥尔本斯自身紧挨着维鲁拉米恩古罗马城市废墟，后者是不列颠仅次于伦敦的最重要的罗马人定居地。它在中世纪拥有过全不列颠最富有的修道院。它是环绕着圣奥尔本斯的圣陵修建的，据说这位罗马百夫长是在不列颠因基督教信仰被处死的第一人。修道院遗留下的一切就是非常大并相当丑的教堂和陈旧的入口建筑物，后者是我后来入学的圣奥尔本斯学校的一部分。和海格特或者哈彭登相比，圣奥尔本斯有点乏味和保守。我父母在那里几乎没有朋友。这部分是他们自身的过错，由于他们本性上相当孤独，尤其是我父亲。但是这也反映了不同类别的群体；确实，我在圣奥尔本斯学友的父母中无人称得上是知识分子。

我们家在海格特似乎是相当正常的，但在圣奥尔本斯我以为我们肯定被认为是古怪的。我父亲的行为加深了这种看法：只要能省钱，他对外表毫不在乎。他年轻时家里非常贫困，这给他留下了长久的印迹。他不能容忍花钱图自己舒服，甚至在以后岁月里他能做得到时也依然如此。他拒绝安装集中供热，尽管他冻得很难受。他宁可在通常的衣服之外罩上几件毛衣和睡袍。可是他对别人却异常慷慨。

1950年代他觉得我们买不起一辆新轿车，于是他就买了一辆战前的伦敦出租车，他和我建了一座尼森小屋作为车房。邻居被这个行为激怒了，但他们无可奈何。就和大多数孩子一样，我为父母感到难为情，但是他们毫不在乎。

我的父母为度假买了一辆吉普赛人大篷车，把它安放在奥斯明顿米尔斯的场地上，其地邻近韦茅斯，在不列颠南海边上。吉普赛的原主曾把这大篷车装修得美仑美奂。我父亲将它全部漆成绿色，使之不那么引人注目。这大篷车有一张父母睡的双人床，还有在下面给孩子们睡的密柜，但我父亲利用军队备用担架把它改成带梯子的双层床，而我们父母睡在隔壁的军队备用帐篷中。一直到县政会在1958年最终设法把这大篷车移走为止，我们都在那里过暑假。

下图和右页图：我们的吉普赛大篷车

刚来到圣奥尔本斯时，我被送到高等女校，尽管名为女校，它也收 10 岁以下的男孩。然而，在那里一个学期后，我父亲作了几乎一年一度的非洲之旅，这次旅行为期相当久，大约四个月。我母亲不喜欢在这么长时间一人单独留下，于是她带着我的两个妹妹和我去访问她的学友贝里尔。贝里尔和诗人罗伯特·格雷夫斯结婚，他们住在马略卡的西班牙岛上一个名叫德亚的村庄。这才是战后五年，西班牙的独裁者弗朗西斯科·弗朗哥，这位希特勒和墨索里尼的曾经同盟仍然在位。（事实上，他此后还掌权达二十年之久。）尽管如此，在战前曾经是共产主义青年团员的我母亲，携带三个年轻孩子坐火车坐船抵达马略卡。我们在德亚租了房子，并在那里度过了美好时光。我和罗伯特的儿子威廉同请了一位私人教师。

我们在马略卡德亚的临时的家

我（左）和罗伯特·格雷夫斯的儿子威廉

这位私人教师是罗伯特的门生，他对为爱丁堡节撰写剧本比对教育我们更感兴趣。为了让我们不闲着，他要我们每天读一章圣经并且就它写一篇文章，意思是教我们领会英文之美。在我离开之前我读了创世记全部和出埃及记的部分。从这次训练中我学会的一个主要东西是不能用“以及”开句。当我指出圣经中大多数句子都以“以及”开头时，我被告知，从詹姆斯王之后英语已经改变。我争辩道，既然如此，何必让我们读圣经？

但是这一切都是枉然。罗伯特·格雷夫斯当时非常热心于圣经中的象征主义和神秘主义。因此，对于我们而言，无人可以求助。

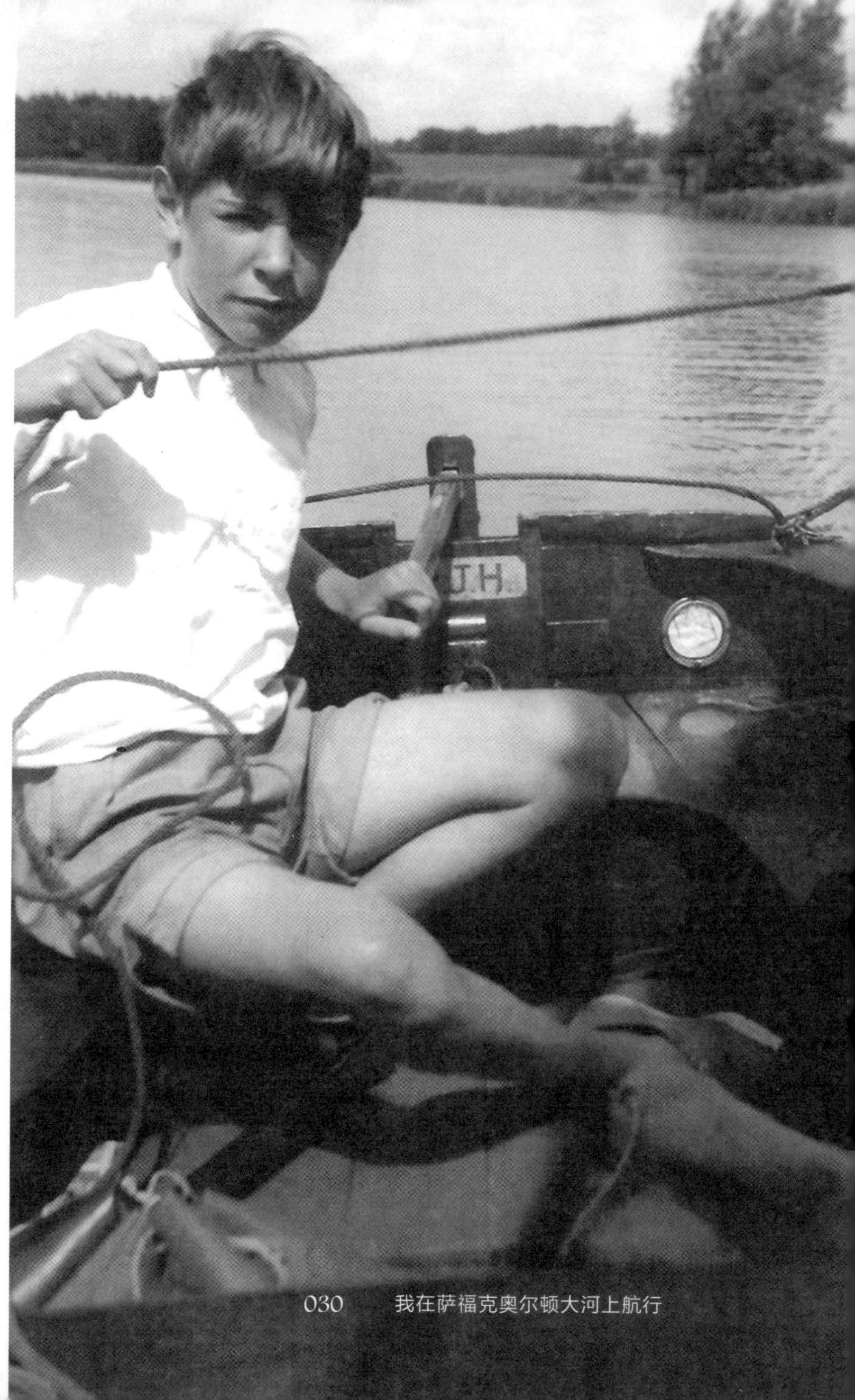

030　我在萨福克奥尔顿大河上航行

在不列颠节开始之际我们返回英国。这个节是工党政府想再造 1851 年世博会辉煌的想法。那回世博会是阿尔伯特王子组织的现代意义上的首次世博会。这次节庆祝不列颠从二战和战后的艰辛中解脱出来。它在泰晤士河南岸举行，新的建筑形式和新的科学技术让我大开眼界。然而，这个展览会是短命的：那年秋天，保守党赢得选举并将其关闭。

十岁时，我参加了所谓的 11 加考试。这是一种智力测验，把适合学术教育的儿童挑选出来，其余多数则送去非学术的中学去。11 加系统使一些劳工阶级和中下层的孩子进入大学并获得优越的地位，但是有人抗议在十一岁时一选定终生的原则，这种抗议主要来自中产者父母，他们发现孩子被送进与劳工阶层为伍的学校。1970 年代这种系统在很大程度上被抛弃，以让路于综合性教育。

1950 年代英国教育是等级森严的。不仅是学校被分成学术的和非学术的，而且学术型学校又进一步分成 A、B 和 C 组。这对 A 组学生来讲是很成功的方法，但对 B 组学生就没那么好，而对不受鼓励的 C 组学生就很糟糕。基于 11 加考试成绩，我被放在圣奥尔本斯学校的 A 组。但是第一年过后，凡是在班级名次后于第 20 名的都被分配到 B 组去。这对他们的自信心是毁灭性的打击，有些人永远不可能恢复。我在圣奥尔本斯的头两个学期，分别为第 24 和第 23 名，但在第三学期为第 18 名。这样我在年终刚好逃脱被降下去的命运。

我 13 岁时，父亲让我去试考西敏学校，不列颠主要的“公学”之一（在美国这被称为私立学校）。正如我提到的，在那个时期，在教育中按照阶级界限有明确的划分，而我父亲觉得这样的学校赋予我的社会体面对人生有益。我父亲相信在他的生涯中正是因为缺乏风度和社会关系而被忽视，而有些能力较差的人则可能更加顺利。他觉得别人并没有那么好，但因为有好的背景和关系而爬到他上面，他为此曾愤愤不平。他也经常警告我提防这类人。

因为我父母并不富裕，为了进西敏学校我必须赢得奖学金。然而，我在奖学金考试时生病了，所以没有考。于是，我留在了圣奥尔本斯学校，在此我得到比在西敏学校，即使不是更好，也肯定是同样好的教育。我从未发现我缺乏社会体面会成为障碍。但我认为物理学和医学有些不同。对于学物理的，你上哪个学校、结交了哪个人都不重要。只有你做了什么才要紧。

我在班级里从未列在前面一半。（那是一个所有学生都非常聪明的班级。）我的作业总是非常不整洁，我的老师对我的书写感到绝望。但是我的同学给我起了“爱因斯坦”的绰号，看上去他们看到了一些好征兆。我 12 岁时，一位朋友和另一位朋友用一袋糖果打赌说我将一事无成。我不知这个赌是否尘埃落定，如果已经落定，赢家究竟是哪一方。

我（右）16~17 岁时

我有六七个亲密朋友，迄今还和他们中的多数有接触。我们习惯于进行长时间的讨论和辩论，论题所涉极为广泛，从无线电控制模型到宗教，从通灵学到物理学。我们谈论的一件事是宇宙的起源，它是否需要上帝去创生它并使它运行。我听说过从遥远的星系来的光波向光谱的红端移动，而这被假定表示宇宙正在膨胀。（向蓝端的移动就表明它正在收缩。）但是我肯定，红移应该有某种其他原因。一个基本不变的永续的宇宙似乎更自然得多。我猜想，也许光在向我们来的路途中仅是疲倦了，变得更红。在我攻读博士大约两年后，我才意识到自己过去错了。

我父亲从事热带病研究，而他通常把我带到他米尔山的实验室。我很喜欢这个，尤其是通过显微镜做观察。他还常带我进昆虫室，他在里面关着一些受热带病感染的蚊子。这使我很忧虑，因为看起来总有一些蚊子随意飞出。他异常勤奋，称得上是献身于研究了。

我向来对事物如何运行非常感兴趣，因此我通常会把它们拆开看如何工作的，但是我并不擅长再将它们重新组装回去。我的实际动手能力总不能和我的理论探索

我父亲在一次热带病实地考察研究中

能力相匹配。我父亲鼓励我在科学上的兴趣，他甚至指导我学数学，直到超出他的知识范围为止。有这样的背景，有我父亲的工作做榜样，我认为自己作科学研究是非常自然的。

当我进入中学的最后两年，我想专攻数学和物理。学校有一位非常启发人的数学教师塔他先生；而且学校刚建立了一间新的数学室。爱好数学的同伴都将它当成自己的教室。但是我父亲认为除了做教师，学数学的找不到任何工作，所以极力反对。他实在希望我去从事医学，但我对生物学提不起兴趣；对我而言，生物学似乎太描述性了，并且不够基本。它在学校中的地位相当低。最聪明的孩子学数学和物理，不太聪明的学生物学。

我父亲知道我不想学生物学，不过他使我学化学并学一点数学。他觉得这样会使我的科学路子更宽些。现在我是一名数学教授，但自从 17 岁离开圣奥尔本斯学校起，从未上过正式的数学课。我现在通晓的数学全凭在研究工作中自己汲取。我在剑桥通常指导本科生，只要在课程上比他们提前一周预看即可。

右页图：在圣奥尔本斯学校，我在最左边

在学校里物理学总是最枯燥的学科，因为它是这么容易而显然。化学则有趣得多，因为一直发生诸如爆炸之类的意外。但是物理学和天文学给了我们理解我们从何而来和我们为何在此的希望。我要对宇宙的奥秘寻根究底。也许在小的程度上我已经成功地做到这点，但仍有大量我还想知道的奥妙。

第三章

牛津

OXFORD

我父亲非常希望我进牛津或剑桥。他本人上过牛津的大学学院，所以他认为我应申请那里，因为我会有较大的机会被录取。大学学院在那时没有数学研究员，这就是他要我学化学的另一个原因：我可以尝试获取自然科学的而非数学的奖学金。

那一年家庭的其余成员都要去印度一年，而我必须留下准备 A 水平和大学入学考试。我待在约翰·汉弗莱一家在米尔山的房子里，他是我父亲在国立医学研究所的同事。房子里有地下室，地下室里有约翰·汉弗莱父亲制造的蒸汽机和其他模型，而我在那里度过了许多时光。我在暑假时去印度看望家人，他们住在勒克瑙的一幢房子里，那是从印度北方邦前首脑租来的，他由于贪污而受人唾弃。我父亲在那里时拒绝吃印度食品，所以他雇了前英属印度军队厨师和送信人为他料理英国伙食；我宁愿吃某种更刺激的东西。

我们去克什米尔并且在斯利那加的湖上租了一艘船屋。我们在雨季去了那里，走的是印度军队早先修的山路，某些地段被雨冲毁（正常的道路通过停火线进入巴基斯坦）。我们从英国带来的小轿车不能应付比三英寸更深的水，所以只好请一名锡克族卡车司机拖引。

我的校长认为我太年轻了，不适合去尝试牛津，但是我在 1959 年 3 月和其他两个在学校中比我高一年级的小孩一道去那里考奖学金。我相信我考得很糟，在实验考试时大学讲师来到我身边和其他学生谈话而不理我时，我非常沮丧。从牛津回家后几天，我收到电报说我得到了奖学金。

我为赛船俱乐部掌舵

我 17 岁，其他和我同年级的大多数学生都在军队服役过，而比我年长许多。我在第一年和第二年的一段时间觉得相当寂寞。在第三年，为交到更多朋友，我作为掌舵手加入赛船俱乐部。可是我的舵手生涯相当糟糕。因为牛津的河流太狭窄了，不能并行赛船，他们颠簸着进行比赛，八条船一艘接在另一艘之后，而每一位舵手必须掌握起始线使自己的船和前头的船距离恰好。

赛船俱乐部在休息

在我第一次比赛中，发令枪响时我让船离开起始线，但它绊住了舵线，结果我们的船离开了航道，因此我们丧失了资格。后来我和另外八条船之一对头相撞，但在这种情形下我至少可宣布这不是我的过错，因为我有超越其他八船的路权。尽管我作为舵手不成功，但那年我结识了更多朋友而快乐得多。

赛船俱乐部在游玩

那个时期在牛津占主导的看法是非常不用功。你要么是不费吹灰之力而非常卓越，要么接受自己能力有限而得到第四等。因为用功而得到较好等级被视为一个“灰人”的标志，在牛津词汇中这是最坏的诨名。

那个时候的学院自认为负有学生父母的责任，这意味着他们管教学生的道德。所以同一学院里的学生都是同一性别的，大门在午夜都要上锁，到时所有访问者——特别是异性——都必须离开。午夜过后，如果想离开，就必须攀越有铁尖的高墙。我的学院不想让学生受伤，所以在铁尖间留下空隙，因此很容易攀越出去。你如果被发现和异性同学在床上，那就是另一回事了：你就当场被开除。

把法定年龄降低到 18 岁和 1960 年代的性革命改变了一切，但那是我上牛津之后的事了。

那个时期，物理课的安排方式使得不做功课特别容易。我进大学之前考试了一次，然后在牛津待了三年，只有一次终考等着我们。我计算过一次，我在那里的三年期间大约只用功一千小时，平均每天一小时。我对自己懒惰并不感到自豪，但那时我的态度和多数同学并无二致。我们倾向于绝对厌倦和觉得没有任何东西值得努力追求。我患病的一个后果就是把这一切都改变了。当你要面临夭折时，你就意识到生命是值得过的，因为有很多事情等你去做。

因为我没有准备，我计划做理论物理问题，并避免需要事实知识的问题来通过终考。然而，由于神经紧张，考试前夕我根本无法入眠，所以考得不是很好。我的成绩处于第一等和第二等的边缘上，我还得让考官面试以确定我应该得第几等。他们在面试时问及我的未来计划。我回答道我要做研究。我告诉他们，如果你给我第一等，我就去剑桥。如果得到第二等，就留在牛津。他们给了我一等。

万一我不能做研究，作为后备计划，我已经申请当公务员。因为我对核武器有反感，不想与国防有任何相干。因此我把在公务部门做事（那时是照管公共建筑物）或者在下议院任书记员列为优先选择。在面试时有一件事变得很清楚，那就是我根本不知道书记员是做什么的，尽管如此，我通过了面试，余下的一切就是一次笔试。不幸的是，我全然忘记并错过了笔试。公务员遴选委员会给我写了一封很友善的信，说我明年可以再试，他们不会对我有成见。没有成为一名公务员是我的幸运。如果那样的话，我就无法应付我后来的残疾所带来的不便。

我终考后的长假中，学院提供一些小额旅行资助。我以为我想要去的地方越远，则获得旅行资助的机会越高。于是我说我要去伊朗。我和一位名叫约翰·埃尔德的同学一道出发，他去过那里并通晓波斯语。我们坐火车抵达伊斯坦布尔，然后到东土耳其附近亚拉腊山的埃尔祖鲁姆。在此之后，火车进入苏联领土，我们只得坐载满鸡羊的阿拉伯汽车去大不里士，然后到达德黑兰。

在德黑兰约翰和我各奔前程。我和另外一个同学往南旅行到伊斯法罕和波斯波利斯，后者是古波斯国王的首都并被亚历山大大帝洗劫过。然后我穿越中央沙漠到达马什哈德。

在归途中，我和旅伴理查德·蔡因为保因扎赫拉地震所阻。这是一场7.1级的地震，多于一万两千人死亡。我肯定是在靠近震中的地方，但是由于生病以及在伊朗公路颠簸的汽车上，所以我对此一无所知。因为我们不通晓当地语言，在大不里士的几天我们甚至都不知道这次灾难，那时我正从严重的腹泻和因被甩到汽车前座肋骨断裂中康复。直到到达伊斯坦布尔我们才知道发生了什么。

我给父母寄了一张明信片，他们在急切地等待我的只言半语已经有十天了。他们上一次得到我信息是在我离开德黑兰向灾区出发的时候，那是地震发生的当天。

前页图和上图：从牛津毕业

第四章
剑桥
CAMBRIDGE

1962 年 10 月，我到达剑桥读研究生。我申请跟随弗雷德·霍伊尔做研究，他是当时英国最著名的天文学家，稳态理论的主要倡导者。我这里讲天文学家，因为宇宙学在那时几乎不被承认为正当的领域。由于和霍伊尔的学生贾扬·纳里卡一道上过夏季课程受到了启发，我认为这正是我要从事研究的领域。然而，霍伊尔已收有足够多的学生，我很失望地被分配给我从没听说过的丹尼斯·西阿玛。

这也许是最好的。霍伊尔经常外出，他可能不会较多地注意我。而西阿玛却常在近旁，随时可以和我交谈。我对他的很多思想持异议，尤其是关于马赫原理，即物体的惯性应归因于宇宙中所有其他物体的影响的思想，但是他的思想激励我发展自己的图像。

在我开始研究时，宇宙学和基本粒子物理学似乎是最激动人心的两个领域。后者是活跃的快速改变的领域，吸引了大多数最好的头脑，而宇宙学和广义相对论停滞在 1930 年代的状态。理查德·费恩曼，这位诺贝尔奖获得者和二十世纪最伟大的物理学家之一，惊人地记述过他于 1962 年在华沙参加广义相对论和引力会议的经历。他在致妻子的信中写道："我从会议一无所获。因为没有实验，这个领域不活跃，所以很少最优秀的人在此耕耘。其结果是这里有一大堆傻瓜（126 名），而这对我的血压很不利……请提醒我不要再参加任何引力会议！"

当然，在开始做研究时，我对此一无所知。但是我觉得那时研究基本粒子太像搞植物学了。量子电动力学——制约化学和原子结构的光和电子的理论在 1940 和 1950 年代就完成了。现在，注意力已转移到原子核中的粒子之间的弱核力和强核力，但类似的场论似乎无法解释它们。的确，特别是剑桥学派认为，不存在什么根本的场论。取而代之，一切都被么正性——也就是概率守恒——以及粒子散射中的某种特征模式所确定。当时认为这种方法会成功，而我却记得弱核力的统一场论的首批尝试被嗤之以鼻的场景，而后者最终取代了前者，现在事后看来，这一切很了不起。现在人们已经忘记了解析S矩阵的工作，而我很庆幸自己没开始做基本粒子的研究。如果那样的话，我没有任何研究成果可以存活。

另一方面，宇宙学和引力的领域被人忽视日久，当时却已悄然成熟，可以发展了。和基本粒子不同，它存在一个定义很好的理论——广义相对论——但这个理论被认为是不可解决的困难。人们在找到描述该理论的爱因斯坦方程的任何解时如此高兴，他们甚至不去询问该解具有什么物理意义，如果它具有物理意义的话。这就是费恩曼在华沙遭遇到的广义相对论的旧学派。富有讽刺意味的是，华沙会议也以广义相对论开始复兴而被历史铭记，尽管我们可以原谅费恩曼当时没有看出这一点。

新的一代进入这个领域，新的广义相对论研究中心出现了。其中两个中心对我尤其重要。一个位于德国汉堡，受帕斯夸尔·约当领导。我从未访问过那里，但我对那里产生的优雅论文赞赏有加，这些论文和早先关于广义相对论的凌乱研究相比，可谓天上地下。另一个中心是赫尔曼·邦迪领导的位于伦敦国王学院的中心。

因为我在圣奥尔本斯或在牛津的非常容易的物理课程中没做多少数学，西阿玛建议我研究天体物理。但是既然我未有机会师从霍伊尔作研究，我也就不想研究某种枯燥和缺乏想像力的东西，诸如法拉第旋转。我既然来到剑桥研究宇宙学，那么宇宙学就是我决心要研究的。于是我耽读广义相对论的老教科书，每周都和西阿玛的其他三名学生前往伦敦的国王学院听课。我对词句和方程都明白，但我对这个学科没有感觉。

西阿玛把我引导到所谓的惠勒－费恩曼电动力学。该理论是说电和磁是时间对称的。然而，当一个人开灯时，正是宇宙中其他所有物质的影响使光波从灯泡往外行进，而非从无限远到达并终结于灯泡。为了使惠勒－费恩曼电动力学能行得通，从灯泡往外行进的所有光应被宇宙中其他物质吸收。这在稳态宇宙中会发生，在那里物质密度会保持常数，而在随着宇宙膨胀密度降低的大爆炸宇宙中则不会发生。人们声称，这是我们生活在一个稳态宇宙中的另一个证明，如果仍然需要证明的话。

据说，这能够解释时间之箭，这是无序化日增，以及为何我们记住过去而非将来的原因。1963 年在康奈尔大学举行了一次关于惠勒 – 费恩曼电动力学和时间之箭的会议。费恩曼如此厌恶关于时间之箭发表的废话，他拒绝将自己的名字印在会议文集中。他只被指为 X 先生，但每个人都知道那是谁。

我知道霍伊尔和纳里卡已经完成了膨胀宇宙中的惠勒 – 费恩曼电动力学，还继续去阐述时间对称的新引力论。1964 年，霍伊尔在皇家学会的一次会议上首次公开了这一理论。我参加了演讲会，我在问答阶段说，在稳态宇宙中，所有物质的影响会使他的质量无限大。霍伊尔问我为什么这么讲，而我回答说我计算过它。所有人都以为我是指在这演讲期间我已经做完了心算，而事实上我和纳里卡共用一间办公室并且我预先看到了论文草稿，这使得我可以在会议之前去作计算。

霍伊尔非常愤怒。他正想建立他自己的研究所，并且威胁说如果他得不到钱，就参与往美国的大脑流失潮。他以为有人煽动我去破坏他的计划。然而，他成立了自己的研究所，而且后来还给我一个工作，因此他显然并不对我怀恨在心。

我在牛津的最后一年就注意到，我变得越来越笨拙。在摔下几个台阶后我就去看医生，但他所说的一切只是“别喝啤酒”。

我搬到剑桥后甚至变得越发笨拙。圣诞节期间，我在圣奥尔本斯的湖上滑冰时跌倒，爬不起来。我母亲注意到这些问题，并把我送到家庭医生那里。他把我转到一个专家那里，在我 21 岁生日刚过不久，我就进了医院进行检查。我在医院里待了两周，期间做了种类繁多的检查。他们从我手臂取出肌肉样品，把电极嵌到我身上，然后把射电波不能透过的一些流体注入我的脊柱，然后使床倾斜，用 X 射线看这些流体从上往下流动。做了这一切后，除了告诉我没患多发性硬化症以及是非典型的情形外，什么都没讲。然而我推断，他们预料病情会继续恶化。他们除了给我一些维生素外束手无策，尽管我能觉得他们预料这些药片没多大用处。我没有问更多细节，显然他们没有什么好事可告诉我。

意识到我患了可能在几年内致死的绝症对我是有点震惊。这样的事怎么会落在我头上呢？然而，当我在医院时，我见证了在我对床上一位有些认识的男孩死于血癌。很清楚有人比我更不幸——至少我的状态没有使我觉得患病。我感得有点自怜时，就立即记起那个男孩。

不知道我将来会发生什么或者这个病会发展多快，我处于一团迷雾之中。医生们让我回到剑桥继续我刚开始的广义相对论和宇宙学研究。但是因为我没有太多数学背景，所以研究没有进展 ——毕竟，当我知道我也许活不到完成我的博士论文时很难专心致志。我觉得有点悲剧人物的味道。

我开始听瓦格纳的音乐，但杂志文章报道说我那时还酗酒，就未免是夸大其词。一旦一篇文章这么写，其他文章就抄过去，因为它可以编一个好故事，而最终人人都相信任何出现在出版物中这么多次的东西必然是真的。

然而我当时的梦想是相当让人困扰的。在我的病症还未得到诊断前，我对生活极其厌倦。似乎没有什么事情值得去做。我出院不久，就做了一个将被处死的梦。我忽然意识到，如果我被缓刑的话，还有很多我能做而值得做的事情。另外一场我做了很多次的梦是，我要牺牲自己的生命去救别人。毕竟，如果我反正都要死，不妨做一些好事。

但是我没死，尽管我的未来总被乌云遮盖，我非常惊讶地发现我享受生活。事件发生根本变化的原因是我和一个名叫简·王尔德的姑娘订婚，我是大约在被诊断为 ALS 病时邂逅了她。这给我了某种生活的动力。

如果我们要结婚，我就得有一个工作，而要得到工作，我必须完成我的博士论文。因此我在一生中头一次开始用功。令我惊讶的是，我发现我喜欢用功。尽管也许称之为用功是不公平的。某人一度说过科学家和妓女都为自己享受的工作得到报酬。

为了在我攻读期间养活自己，我向龚维尔和基斯学院申请研究奖学金，这是一所剑桥大学内的学院。因为我日益严重的笨拙使我无论是书写还是打字都很困难，

和简在剑河上乘方头平底船

希望简能打印我的申请表。但等她来剑桥看我时，她的手臂骨折了并打了石膏。我必须承认，我本应给她以更多的关心。然而，受伤的是她的左臂，所以在我口授下，她能写好申请书，而由我求其他人打印出来。

在我的申请中我必须给出两个人的名字，他们能为我的研究工作提供推荐书。我的导师建议我应该请求赫尔曼·邦迪充当其中之一。邦迪那时是伦敦的国王学院的数学教授，并且是广义相对论专家。我遇到过他两回，并且他还把我的一篇论文提交给皇家学会会刊发表。在他剑桥的一次讲演后，我请求他提供推荐书，而他茫然地看着我，并说可以，他会的。显然他记不得我了，因为当学院给他去信要推荐书时，他回答说没听说过我。当今有这么多人申请学院的研究奖学金，如果候选者的推荐人中的一个说他不认识他，那就没有机会了。但是，那是平静的时期。学院写信告诉我我的推荐人令人难堪的答复，而我的导师和邦迪联系并帮他回想起来。后来邦迪为我写了推荐书，也许这推荐书太过溢美了。我得到了研究奖学金，并且从那时起一直是基斯学院的研究员。

这奖学金意味着简和我可以结婚，我们在 1965 年 7 月成婚。我们在萨福克度过一周蜜月，这是我们能负担得起的。后来我们就去了康奈尔大学的广义相对论暑期班。

那是一个错误的决定。我们待在一间充满带有吵闹小孩的夫妻的宿舍，这使我们的婚姻生活毫不悠闲。然而在其他方面，这次暑期班对我非常有用，因为我遇到了这个领域的许多领袖人物。

我娶了简

当我们刚结婚时，简还是伦敦的韦斯特菲尔德学院的本科生，所以她必须在每周工作日从剑桥去伦敦完成她的学位。我的病症使肌肉越发衰弱，这意味着行路越发困难，而因此我们不得不去找一个位于市中心的住处，使我自己能应付自己的生活。我求助学院，但财务主任告诉我学院的方针是不帮助研究员解决住房问题。因此我们就登记租用正在建造的一组新公寓中的一套，这些公寓位于非常便利的商业中心。（我在几年后发现这些公寓实际上属于我的学院，但他们当时并没有告诉我这些。）然而，当我在美国度夏返回剑桥时，我们发现公寓还未落成。

作为巨大的让步，财务主任同意提供我们研究生宿舍的一套房间。他说："这间房间我们通常每夜收 12 先令 6 便士。然而，由于你们两个将住在这房间，我们将要收 25 先令。"我们只待在那里三个晚上就在离我大学的系大约 100 码的地方找到了一个小房子。它属于另一个学院，学院将它租给了自己的一名研究员。而那位研究员由于最近搬迁到郊区的一幢房子里了，因此就将这房子在租约余下的三个月期间转租给我们。

就在这三个月间，我们发现在同一条路上有一幢无人居住的房子。一位邻居传话给住在多赛特的房主人并对她说，当年轻人在寻找住房时，她的房子竟然空置着，这简直是丑闻。于是她就把房子租给我们。在那里住了几年之后，我们想购买并修缮它，所以请求我的学院抵押贷款。学院做了调查并确定风险太大，不同意贷款。最终我们从它处得到抵押贷款，而我父亲出钱替我们修缮了房子。

那个时期基斯学院的境况使人联想起 C.P. 斯诺的小说中的一些情景。在研究员中出现了所谓农民起义以来的最严重的分裂，一些较年轻的研究员联合一起使

老研究员落选。存在两个阵营：一方是院长和财务主任，另一方是较进步的一方，后者要求把学院相当的财富较多用于学术的目的。进步的一方利用学院理事会一次院长和财务主任双双缺席的会议选出六名研究员，包括我在内。

我参加的第一次学院会议进行学院理事会选举。其余新研究员已被简要通报要选什么人，而我在对此完全不知情下选举双方的候选者。进步方赢得理事会的绝大多数席位，而院长内维尔·莫特爵士（他后来因凝聚态物理的研究获得诺贝尔奖）愤然辞职。然而，下一任院长李约瑟（多卷本的《中国科学史》的作者）平息了争议，从那后学院一直相对平静。

大约婚后两年，我们的第一个孩子罗伯特诞生。在他出生后不久，我们即带他参加西雅图的一次会议。这又是一个错误的决定。由于我的残疾加重，我对照料婴儿没有什么用，

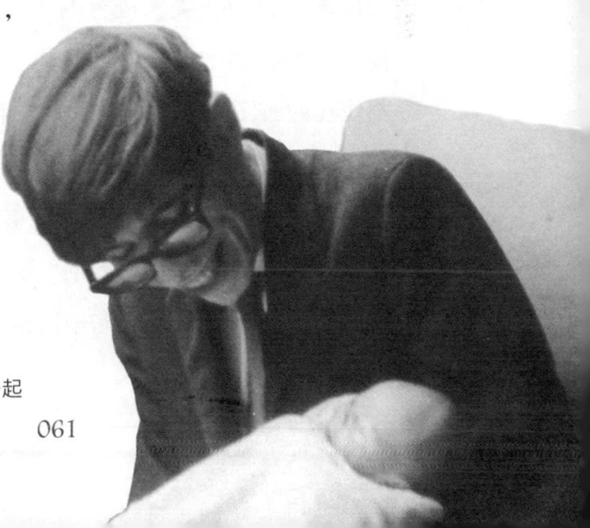

和我的第一个孩子罗伯特在一起

简和罗伯特

而简在很大程度上却要自个儿应付而备极辛苦。西雅图会议之后我们在美国进行的更多旅行使她精疲力竭。现在，罗伯特和他的妻子卡特里娜还有孩子乔治以及罗斯都住在西雅图，显然这个经历没有给他留下创伤。

我们的第二个孩子露西大约三年后出生，她出生于当时作为产科医院的老救济院里。在简怀孕期间由于我们自己的房子正在扩建，所以必须搬到朋友拥有的一处茅草屋顶的农舍暂住。在她出生之前几天，我们才搬回去。

第五章

引力波

GRAVITATIONAL WAVES

1969年，约瑟夫·韦伯报告，利用由两根悬浮在真空的铝棒组成的检测器观测到了引力波暴。当引力波到来时，它会把东西在一个（垂直于波行进）的方向拉伸，而在另一个（垂直于波的）方向压缩。这就使这些棒以它们的共振频率——1660赫振荡，而捆扎在棒上的晶体会检测出这些振荡。1970年代初，我访问了在离普林斯顿不远处的韦伯并检查了他的设备。以我未受训练的眼光，我看不出有什么差错，而韦伯宣布的结果真是惊人。强大的足以激动韦伯棒的引力波暴仅有可能的源应是：一颗大质量恒星坍缩形成黑洞，或者两颗黑洞碰撞并且合并。这些源必须在邻近——在我们的星系内。这类事件的早先估计是大约每世纪一次，但韦伯宣布每天观测到一两次暴。这就意味着，该星系正以一种巨大的速率损失质量，星系存在期不可能一直维持这样的损失率，那样的话现在根本就没有星系留下。

当我回到英国，我认为韦伯惊人的发现需要独立的确认。我和我的学生盖瑞·吉朋斯写了一篇关于检测引力波暴理论的文章，我们在论文中提出更灵敏的检测设计。当看到似乎没人准备去建造这种检测器时，盖瑞和我，采取了对于理论家而言鲁莽的步骤向科学研究会申请建造两台检测器的资助。（因为来自噪声和地球振动的假信号的干扰，观察至少两个检测器结果之间是否符合是必要的。）盖瑞到处搜寻战后剩余物资存放处，要把废弃的减压舱用作真空室，而我则去寻找适当的地点。

最后我们在伦敦的一个塔块的十三层上的科学研究会和有兴趣验证韦伯声明的其他小组开了一次会。（科学研究会不承认迷信。他们以很便宜的价格拿下了这处办公室。）由于存在研究这一项目的其他小组，盖瑞和我就收回了我们的申请。这可谓因祸得福，逃过一劫！我不断恶化的残疾会使我无望成为实验家。而且个人在实验课题上要留下一点痕迹非常困难。在做一个需要花费多年时间的实验时，个人通常不过是一个庞大团队中的一员。另一方面，一位理论家可在一个下午，或者在我的情形之下，上床之际突然得到一个想法，而独自地或者和一两位同事撰写论文，从而成名。

1970 年代以来，引力波检测器已经灵敏得太多了。现代检测器为了检测引力波，利用激光测距来比较成直角的两臂受引力波影响的长度之差。美国拥有这些 LIGO 检测器中的两台。尽管它们比韦伯的敏感一千万倍，迄今还没有可靠地检测到引力波。我非常高兴我仍是一位理论家。

第六章

大爆炸

THE BIG BANG

1960年代早期在宇宙学中的大问题是宇宙是否有一起始。许多科学家本能地反对这个观念，并因此反对大爆炸理论，因为他们觉得一个创生之点会是科学崩溃之处。人们必须诉诸宗教和上帝之手去确定宇宙如何开始。

因此人们提出了两种可选择的场景。一种就是稳态理论，在该理论中，随着宇宙膨胀，暗物质被连续地创生以使得密度在平均上不变。因为稳态理论需要一个负能量场去创生物质，所以它从未拥有非常坚实的理论基础。这会使它不稳定并容易导致物质和负能量无法控制地产生。但这个理论有一个巨大优点：它能给出确定的能够由观测来检验的预言。

稳态理论到 1963 年就已经遇到麻烦。卡文迪许实验室的马丁·赖尔的射电天文学小组测量微弱射电源并且发现这些源在整个天空分布得相当均匀。这表示它们可能在我们的星系外面，因为否则的话它们会沿着银河系的方向集中。但是源的数目和源强度对比图跟稳态理论预言不相符合。存在太多的微弱的源，表明源密度在遥远的过去曾经较高。

霍伊尔和他的支持者对这观测提出越来越牵强的解释，但在 1965 年，微波辐射的微弱背景的发现致命地打击了稳态理论。（这就像微波炉中的微波，但在更低得多的温度，只比绝对零度高出很少的 2.7 开。）尽管霍伊尔和纳里卡竭尽全力，稳态理论仍无法解释这个辐射。我不是霍伊尔的学生倒也不是坏事，否则我必须去捍卫稳态理论。

微波背景指出，宇宙过去曾经历过热的、稠密的阶段。但它没有证明这个阶段是宇宙的开端。人们可以想象，宇宙经历过早先的收缩相，曾经在很高却有限的密度下从收缩反弹到膨胀。事实上是否如此肯定是一个基本问题，这正是为了完成博士论文我所需要的课题。

引力将物质拉到一起，但是旋转却将其甩开。所以我的第一个问题是旋转是否能使宇宙反弹。我和乔治·埃里斯一起能够证明，如果宇宙是空间均匀的，也就是在空间的每一点上都是相同的，则答案是否定的。然而，两位俄国人，叶弗根尼·栗弗席兹和伊萨克·哈拉尼柯夫宣称证明了，没有准确对称的一般收缩总会导致反弹，而密度保持有限。因为这个结果避免了关于宇宙创生的棘手问题，所以对于马列主义的辩证唯物论是非常合适的。因此它就成为苏联科学家的信条。

栗弗席兹和哈拉尼柯夫属于广义相对论的旧学派，也就是说，他们写下一大堆方程组而试图猜出一个解。但不清楚的是，他们找到的解是否是最一般的。罗杰·彭罗斯引入了新的方法，不需要显明地解爱因斯坦方程，只需要某些一般性质，诸如能量是正的，而且引力是吸引的等。1965 年 1 月，彭罗斯在伦敦的国王学院就这个论题做过课堂讨论。我不在场，但是我从布兰登·卡特那里听到这个消息，我和卡特在银街的剑桥新的应用数学和理论物理系大楼里共用一间办公室。

我终于完成了博士论文

INTRODUCTION

The idea that the universe is expanding is of recent origin. All the early cosmologies were essentially stationary and even Einstein whose theory of relativity is the basis for almost all modern developments in cosmology, found it natural to suggest a static model of the universe. However there is a very grave difficulty associated with a static model such as Einstein's which is supposed to have existed for an infinite time. For, if the stars had been radiating energy at their present rates for an infinite time, they would have needed an infinite supply of energy. Further, the flux of radiation now would be infinite. Alternatively, if they had only a limited supply of energy, the whole universe would by now have reached thermal equilibrium which is certainly not the case. This difficulty was noticed by Olbers who however was not able to suggest any solution. The discovery of the recession of the nebulae by Hubble led to the abandonment of static models in favour of ones which were expanding.

Clearly there are several possibilities: the universe may have expanded from a highly dense state a finite time ago (the so-called 'big-bang' model); another is that the present expansion may have been preceded by a contraction which, in

PROPERTIES OF EXPANDING UNIVERSES — S. W. HAWKING

我起初不理解要点是什么。彭罗斯证明了，濒临死亡的恒星一旦收缩到一定的半径，就会不可避免地存在奇点，空间和时间在奇点处终结。我想，我们确实已经知道，没有任何东西可阻止大质量冷的恒星在其引力的作用下坍缩，直至它达到无限密度的奇点。但是，事实上我们只对一颗完美地球状的恒星的坍缩解方程，而实际的恒星当然不会是严格球状的。如果栗弗席兹和哈拉尼柯夫是正确的，随着恒星坍缩，对球对称的偏离会增大，会使恒星的不同部分相互错开，因此避免了无限密度的奇点的出现。但是彭罗斯证明了，他们是错误的：对球对称的小偏离不能防止奇点的产生。

我意识到类似的论证可被应用到宇宙的膨胀。在这种情形下，我能证明存在奇点，时空在那里有一个开端。这样栗弗席兹和哈拉尼柯夫就又错了。广义相对论预言，宇宙应该有一个起始，这是不会被教会忽视的一个结果。

彭罗斯和我自己的原始的奇点定理需要假设，宇宙有个柯西面，那就是一个和所有粒子路径相交一次并仅有一次的面。因此可能我们的第一条奇点定理只不过证明了宇宙不具有一个柯西面。尽管有趣，但在重要性上，这根本不能和时间有开端或终结相提并论。因此我着手证明不需要一个柯西面假设的奇点定理。

罗杰·彭罗斯、鲍伯·盖洛许和我在接下的五年中发展了广义相对论中的因果结构理论。我们实际上拥有这整个领域，这种感觉太美妙了。这和粒子物理多么不同，粒子物理学家们争先恐后地采用时髦观念。他们迄今仍然如此。

我把其中一些结果整理成一篇论文，它在剑桥赢得1966年度的亚当斯奖。这是我和乔治·埃里斯合作的专著《时空的大尺度结构》的基础，这部书于1973年由剑桥大学出版社出版。因为它事实上是论时空因果结构的封笔之作，所以该书仍在印行中。时空的因果结构是时空的哪些点能够影响其他点处的事件。我愿意告诫一般读者不要尝试查看该书。它是高度专业性的，它是我把自己当成和纯粹数学家一样严密的那个时期完成的。当今我关心的是是否正确，而非是否正当。因为量子物理的整个领域毕竟都是基于非常靠不住的数学基础上，所以它几乎不可能严密。

第七章

黑洞

BLACK HOLES

黑洞背后的思想要回溯到二百多年前。1783 年，剑桥教师约翰·米歇尔在《伦敦皇家学会哲学学报》发表了关于他称为“暗星”的论文。他指出，一颗具有足够大质量并足够致密的恒星会拥有十分强的引力场，甚至光都不能逃逸。任何从这恒星表面发射出的光线在没行进到非常远前就会被恒星的引力拖拽回去。

米歇尔设想，也许存在大量这样的恒星。尽管因为从它们来的光不能到达我们，我们不能看到它们，我们仍然会感觉到它们的引力吸引。这种物体就是我们现在称作黑洞的东西，因为这名符其实：在空间中的黑的洞。几年后，法国科学家拉普拉斯侯爵，显然独立于米歇尔，也提出了类似的设想。足够有趣的是，拉普拉斯只将其收入他的著作《世界系统》的第一、第二版中，而在后来的版本中却将其删除了。也许他判定这是一种疯狂的想法。

无论是米歇尔，还是拉普拉斯，都认为光由粒子组成，和炮弹相当像，可由于引力而速度变缓并落向恒星。这和 1887 年实现的迈克耳孙 – 莫雷实验不一致，该实验证明光总是以相同速度行进。直到 1915 年爱因斯坦阐述广义相对论，才得到引力如何影响光的协调的理论。1939 年，罗伯特·奥本海默和他的学生乔治·沃尔科夫以及哈特兰·斯奈德证明，一颗耗尽其核燃料的恒星，如果其质量大于某一确定的大约太阳质量数量级的极限，就自身无法对抗其引力。超过这一质量的烧尽的恒星会向自身坍缩，并形成包含无限密度奇点的黑洞。尽管这些都可以根据爱因斯坦的理论加以预言，但爱因斯坦却从未接受黑洞理论或者说物质能被压缩成无限密度。

后来二战干扰使奥本海默转向研究原子弹。战后，人们对原子和核物理更感兴趣并忽略引力坍缩和黑洞达二十多年之久。

随着1960年代早期类星体的发现，人们对引力坍缩的兴趣被重新唤醒了。类星体是非常致密和具有非常强大的光学和射电的源的极遥远物体。物体落入黑洞是仅有的能够解释在空间这么小的区域里产生这么多能量的貌似有理的机制。人们重新发现了奥本海默的工作并开始研究黑洞理论。

1967年，沃纳·伊斯雷尔得出一项重要结果。他证明，除非一非旋转的坍缩恒星的残余刚好是严格的球形，它所包含的奇点将是裸的，也就是说它能被外界的观察者看到。这就意味着，广义相对论在坍缩星奇点处崩溃了，毁灭了我们预言宇宙其余部分的未来的能力。

最初，包括伊斯雷尔本人在内的大多数人都认为，这意味着，因为实在的恒星不是严格的球形，它们的坍缩会导致裸奇点以及预见性的崩溃。然而，罗杰·彭罗斯和约翰·惠勒却提出一个不同的解释：一颗非旋转恒星引力坍缩的残余物会迅速地趋向稳定于一个球形状态。他们提出存在宇宙监督：自然是一个道学家，他将奇点隐藏在黑洞中而不被看到。

在应用数学和理论物理系我办公室的门上，我曾有一道保险杆贴纸，上面写着，“黑洞是看不见的。”这使系主任如此恼火，以至于策划把我选为卢卡斯教授，好借以把我移到一间更好的办公室，并亲自把这令人不快的告示从我旧办公室的门上撕掉。

1970年，我女儿露西出生后几天，我关于黑洞的研究尤利卡（我想出来了！）瞬间开始。在我上床的时刻，我意识到，我为奇点定理发展的因果结构理论适合于黑洞。特别是，黑洞的边界即视界的面积总是增加。当两颗黑洞碰撞并合并时，最终黑洞面积比原先黑洞面积之和更大。这个以及詹姆·巴丁、布兰登·卡特和我发现的其他性质暗示，面积正像是黑洞的熵。这会是对于在外面看来具有相同外表的黑洞，在其内部能有多少态的度量方法。但是面积不可能在事实上就是熵，因为那样的话，黑洞还应拥有温度，并会像热体那样发热。正如所有人都以为的，黑洞是完全黑的，并且不发射光或者其他任何东西。

我们解决黑洞理论中大多数主要问题的那个时期是激动人心的，它以 1972 的莱苏什暑期学校达到高峰。尤其是大卫·罗宾孙和我证明了无毛定理：黑洞会稳定到只由两个数，即质量和旋转表征的态。这再次暗示黑洞拥有熵，因为许多不同的恒星会坍缩而产生一颗拥有相同质量和旋转的黑洞。

这个理论的一切都是在黑洞毫无观测证据之前发展的，这表明费恩曼讲的，活跃的研究领域必然由实验来驱动的说法是错误的。证明宇宙监督假设是一个从未解决的问题，尽管一些去证伪它的企图都失败了。它对于所有黑洞研究都是基本的，所以我对它是真理具有强大的既得利益。因此，就这个问题的结果，我跟基普·索恩和约翰·普列斯基尔打了一个赌。我赢这个赌是困难的；而如果任何人找到一个裸奇点的反例，我输了反倒是相当可能的。事实上，我输了这赌的较早一个版本，因为在措词时没有足够小心。索恩和普列斯基尔对我拿一件 T 恤作的彩头并不开心。

右页图：

宇宙学幽默，第一部分：

我把“自然厌恶裸奇点”印在 T 恤上作为彩头

我们在经典广义相对论上取得如此成功，在《时空的大尺度结构》发表之后，1973年我没有太多事情可做。我和彭罗斯的研究证明了，广义相对论会在奇点处崩溃。这样下一步显然应该是将描写“非常大”的理论，即广义相对论，与描写“非常小”的理论，即量子论相结合。我没有量子论背景，

Nature abhors a Naked Singularity

而在那个时期正面进攻奇点定律似乎太困难了。所以作为热身准备，我转而考虑由量子论制约的粒子和场在邻近黑洞时会如何行为。特别是，我极想知道，能存在以在极早期宇宙形成的极微小的太初黑洞为核的原子吗？

为了回答这个问题，我研究量子场会如何从一颗黑洞散射开去。我预料入射波的一部分会被吸收，余下的被散射。但是使我大吃一惊的是，我发现似乎存在从黑洞出来的辐射。我起初以为这一定是我计算中出现了错误。最后说服我这是真实的是这一事实：该辐射恰好是将视界面积等同于黑洞的熵所需要的。这可归结为以下这个简单公式：

$$S = \frac{Ac^3}{4\hbar G}$$

此处 S 是熵，而 A 是视界面积。这个表达式包括三个基本的自然常数：c，光速；G，牛顿引力常数和 $\hbar$，普朗克常数。它揭示了在引力和热力学，即热的科学之间存在一个深刻的预想不到的关系。

下页图：
宇宙学幽默，第二部分：
和约翰·普列斯基尔打赌

Whereas Stephen Hawking and Kip Thorne firmly believe that information swallowed by a black hole is forever hidden from the outside universe, and can never be revealed even as the black hole evaporates and completely disappears,

And whereas John Preskill firmly believes that a mechanism for the information to be released by the evaporating black hole must and will be found in the correct theory of quantum gravity,

Therefore Preskill offers, and Hawking/Thorne accept, a wager that:

When an initial pure quantum state undergoes gravitational collapse to form a black hole, the final state at the end of black hole evaporation will always be a pure quantum state.

The loser(s) will reward the winner(s) with an encyclopedia of the winner's choice, from which information can be recovered at will.

Kip S. Thorne John P. Preskill

Stephen W. Hawking & Kip S. Thorne John P. Preskill

Pasadena, California, 6 February 1997

源自黑洞的辐射会携带走能量，黑洞因此而损失质量并缩小。看来，黑洞最终会完全蒸发并消失。这引起了直插物理学核心的一个问题。我的计算暗示，辐射是严格地热性的和随机的，如果黑洞的面积是黑洞的熵，情况就必然如此。那么，留下的辐射怎么会携带关于形成黑洞的东西的全部信息？但如果信息丢失了，这就和量子力学互不相容。

这个悖论已经被争议了三十年，直到我找到了我认为的解决方法之前没有多大进展。信息并没有丢失，不过不以有用的方式返回。这正如焚烧百科全书：如果人们保留所有的烟和灰，包含在百科全书中的信息在技术上并没有损失。但去阅读它却非常困难。事实上，基普·索恩和我以及约翰·普列斯基尔关于信息悖论打了一个赌。当约翰赢了这个赌时，我给了他一套棒球百科全书，但也许我只应给他此书的灰烬。

我们在帕萨迪纳的家

第八章

加州理工

CALTECH

1974年我当选为皇家学会会员。由于当时我很年轻而且只是低级的研究助理，所以这次获选对我系的成员是一件令人惊奇的事。但在三年之内我就晋升为教授。

简在我获选后感到忧愁，觉得我已经大功告成，而此后不免要走下坡路。当我的朋友基普·索恩邀请我们以及其他一些做广义相对论研究的人访问加州理工学院（Caltech）时，她的忧愁才稍微得到解除。

上图和右页图：简、露西、罗伯特和我在我们帕萨迪纳的家中

在过去的四年，我使用手动的轮椅，也用蓝色电动三轮车，它以自行车的慢速行驶，我有时用它来非法携带乘客。但我们去加州时，呆在加州理工学院拥有的邻近校园的殖民地风格的房子里，我在那里首次使用电动轮椅。它给了我相当程度的独立，尤其是在美国大楼和人行道比在英国对于残疾人更容易进入的情况下。我还有一位我的研究生和我一起住。他帮助我起床上床以及

就餐，其回报是住宿和从我这儿得到大量学术上的关照。

那时期我们两个孩子罗伯特和露西喜爱加州。由于他们就读的学校担心学生被绑架，所以人们不能以正常的方式从学校门口接走孩子，而必须一个接一个地绕过街区再到门口，被接的孩子则用扩音器一个个召唤过来。以前我从未遭遇过类似的事。

房子里装备有一台彩色电视，而我们在英国则只有一台黑白的几乎不工作的电视，所以我们看了许多电视节目，特别是诸如《楼上楼下》和《人类的攀升》等英国系列片。在我听到我被教廷科学院授予庇护十一世奖章时，我们刚好看完《人类的攀升》中的伽利略被梵蒂冈审讯并被判为终身软禁的那一集。起初我想愤怒地拒绝它，但后来我必须承认，梵蒂冈终于改变了它对伽利略的看法。这样我就飞往英国会同我的父母，然后由他们陪我去罗马。在访问梵蒂冈期间，我坚持要看在梵蒂冈图书馆中的审讯伽利略的记载。

在授奖典礼上，教皇保罗六世从他的宝座走下，跪在我的身旁。典礼之后我见了量子论的奠基者之一保罗·狄拉克。因为他在剑桥任教授时我对量子领域不感兴趣，所以没有和他说过话。他告诉我，他原先建议将奖章授予另一位候选者，但最后认定我更适合并且建议科学院颁奖给我。

那时候加州理工学院物理系的两位主要明星是诺贝尔奖获得者理查德·费恩曼和默里·盖尔曼，而他们之间存在激烈的竞争。在盖尔曼的第一次每周研究班时，他刚说道:“我只不过要重复去年曾经做过的讲演。”费恩曼就马上起身离开。接着盖尔曼讲，“现在他走了，我可以告诉你们我真心要讲的东西。”。

这是粒子物理激动人心的时期。在斯坦福刚发现了新的“粲”粒子，而这一发现有助于证实质子和中子由三种更基本的叫做夸克的粒子组成的盖尔曼理论。

在加州理工学院时，我和索恩打赌说天鹅座 X-1 双星系统不包括一颗黑洞。天鹅座 X-1 是一个 X 射线源，其中的一颗正常恒星正失去它的外层并落到一颗看不见的紧致伴星上去。随着物质朝着伴星落去，它发展出一种螺旋运动并变得非常热，而发射出 X 射线。我希望打赌输了，因为我显然对黑洞作了巨大的智力投资。但是如果它们被证明不存在，至少我还可以赢得《私家侦探》杂志 4 年的订阅作为安慰。另一方面，如果基普赢了，他将收到一年的《阁楼》杂志。在之后的年代里，证明黑洞存在的证据变得这么强，我只好承认这个赌失败，并且给基普订了《阁楼》杂志，这使他的妻子极为不悦。

在加利福尼亚，我和加州理工学院的一位研究生唐·佩奇一起做研究。唐是在阿拉斯加的一个乡村出生并长大的，他的父母是学校教员，他们三人是那里仅有的非因纽特人。他是一位福音派基督徒，后来在剑桥和我们在一起时尽力要让我皈依。他通常在早餐时对我念圣经故事，但我告诉他，我从在马略卡的时代起就通晓圣经，因为我父亲经常给我念圣经。（我父亲不是信徒，但认为詹姆士国王钦定版圣经在文化上很重要。）

唐和我研究是否可能观察到我预言过的从黑洞来的辐射。从一颗太阳质量的黑洞来的辐射的温度大约只有百万分之一开，勉强高于绝对温度，所以它被宇宙微波背景所淹没，后者具有 2.7 开的温度。然而从大爆炸也许遗留下小得多的黑洞。一座山质量的太初黑洞会发射伽马射线，在发射出它的大部分原始质量后，现在正结束其寿命。我们在伽马射线背景中寻找存在这种辐射的证据，但是没有任何蛛丝马迹。我们能够为这一质量的黑洞的数目密度给出上限，这表明我们不太可能接近一颗这类黑洞，使得能够检测到它。

第九章

婚姻

MARRIAGE

1975年我们从加州理工学院回来后，我们发觉我已不可能攀爬我们家的楼梯。学院到这时对我已相当赏识，就让我们住进学院的一座巨大的维多利亚风格房子里的底层公寓。（这幢房子现在已被拆除并被以我命名的学生宿舍大楼所取代。）这幢公寓处于由学院园丁维护的花园之中，这对于孩子们非常好。

我在回英国时开始情绪低落，和在美国的说干就干的态度比较，在英国所有的东西都这么狭隘和受限制。那个时候，荷兰榆树病肆虐，林木凋尽，整个国家都受此起彼伏的罢工困扰。然而，由于我的研究有了进展，并于1979年当选为卢卡斯数学教授，这是伊萨克·牛顿爵士和保罗·狄拉克一度担任过的职位；我的心情变得舒畅起来。

1979年我旅行到科西加给暑期学校讲课之后，我们第三个孩子蒂莫西出世。之后简的情绪变得更低落了。她担心我很快会死去，希望找到某个人在我死后养活她和孩子并和她结婚。她找到乔纳森·琼斯，一位地方教会的音乐家兼风琴演奏师，并在我们的公寓给了他一个房间。我本应反对这件事，但是我也以为自己会早早死去，并且觉得需要有人在我死后养活孩子们。

我的病情继续恶化，其中的一个症状是长时间的窒息发作。1985年，在去瑞士的欧洲核子研究组织（CERN）的旅行中我得了肺炎。我立即被送到州医院并接上呼吸器。医院的医生认为我的病情严重到他们提出要关掉呼吸机并结束我生命的地步，但是简拒绝了，并把我放在急救飞机上飞回剑桥阿登布鲁克医院。那里的医生想把我恢复到我以前的情形，但最终他们只好进行气管切开手术。

右页图：在我们的第三个孩子蒂莫西受洗后全家合影

我的言语在手术之前就变得更含糊，所以只有熟悉我的人才能听懂我。但那时至少我还能交流。我口授、由秘书来撰写科学论文，而我做研究班讲演时通过一名翻译更清晰地重复我的话。然而，气管切开手术把我的讲话能力全部消除。有一段时期，我仅有的能交流的方法是，有人指着拼写卡，指到正确的字母时我扬一下眉毛，就这样逐个字母地拼出单词来。这样交流是相当困难的，更不用说写篇科学论文了。然而，在加利福尼亚的名叫瓦特·沃尔托兹的电脑专家听说了我的困境，送给我一套他写的名叫均衡器的电脑程序。这就允许我揿动手中的开关，从屏幕的一系列菜单中选取词汇。现在我用他的另一个叫做词加的程序。在我的眼镜上有一个微小的传感器，对我的面颊运动作出反应，由此控制这个程序。当我把要说的都聚集好，就能将其送到语音合成器去。

起初我只在台式电脑上运行均衡器程序，后来剑桥适应通讯公司的大卫·梅森把一台小型电脑和语音合成器装到我的轮椅上。我现在的电脑是英特尔提供的。这个系统使我比以前交流得更好，而我能每分钟处理 3 个词。我可以要么说出我已写的，要么将其存在盘里。然后我能将其打印出来，或者把它找出并一句一句地说出来。我已经用这个系统撰写了七部书和一些科学论文。我还做了一些科学和普及的演讲。它们都很受欢迎，我想这在很大程度上归功于语音加创造的语音合成器的高质量。

一个人的话音是非常重要的。如果你话音模糊，人们很可能认为你有精神缺陷。这台语音合成器是我听到的最好的，因为它发出的声音抑扬顿挫，不像《神秘博士》的塔勒克斯的那一台。语音加那时起停止营业，而它的语音合成器项目已经停止。现在我拥有余下的最后三台合成器。它们很笨重，耗电量很大并且有过时的不能被替代的芯片。尽管如此，至今我已认同这声音，它已成为我的商标，所以除非所有三台合成器都毁坏，我不想用更自然发出的声音来替代它。

在我出院时我需要全时护理。起初我觉得我的科学生涯已经完结，而余下能做的一切就是待在家里看电视。但是我很快发现，我还能继续科学研究，并且利用称为 Latex 的程序写数学方程，该程序允许人们以通常字符来写数学符号，比如用 *π* 表示 π 。

然而，我对简和乔纳森之间日益密切的关系越来越不高兴。我最后不能再忍受这种情形，并且在 1990 年，我搬出并和我的一位护士伊莱恩·梅森住到一个公寓里去。

我们发现对于我们和伊莱恩的两个儿子来说，这公寓太小，这两个孩子一周中有部分时间和我们在一起，于是我们决定搬走。1987 年，一次强大的风暴吹掉了纽纳姆学院的房顶。纽纳姆学院是仅有的女生本科学院（这时男生学院也都收女生了。我所在的基斯学院有一些保守的研究员，是其中最迟也招收女生的学院之一，因为终于被学生考试的结果说服，除非也收女生，否则好男生不向它申请。）由于纽纳姆是一所穷学院，它不得不出售四块地产去修理风暴蹂躏后的房顶。我们购买了其中一块，并且建成了方便轮椅进出的房子。

1995 年伊莱恩和我结婚，9 个月后简嫁给乔纳森·琼斯。

我和伊莱恩的婚姻是激情而骚动的。我们也经历了许多波折，但是作为护士，伊莱恩在几个场合救了我的命。气管切开手术后，我在气管上有一个塑料管，这个管子防止食物和唾液进入我的肺部，并由充气的袖袋保持着。多年来在袖袋中的压力损害了我的气管，使我咳嗽并窒息。有一回我在克里特开会，在归途飞行中我咳嗽了。一位名叫大卫·霍德华的外科医生刚好在同一架飞机上，他走近伊莱恩并告诉她，他能帮助我。他建议进行一个喉头切除术，这将把气管和喉咙彻底分开并且不再需要带袖袋的管子。剑桥阿登布鲁克医院的医生说这

我娶伊莱恩

手术太冒险，但伊莱恩坚持要做，而大卫·霍德华在伦敦的医院为我做了手术。该手术救了我的命：假如不做的话，再过两周这个袖袋就会在我的气管和喉咙之间磨损出一个洞，血就会充满我的肺部。

左页图和上图：和伊莱恩在科罗拉多的阿斯彭

几年之后我遭遇到另一次健康危机，因为在深睡时我的氧水平下降到危险的程度。我被紧急送到医院并住院四个月之久。我终于带着呼吸器出院了，晚上用它。我的医生告诉伊莱恩让我回家等死。（自此我换了医生。）两年前我开始一天 24 小时用呼吸器。我发现这加强我的精力。

一年之后，我被吸收为一个团队的成员，为大学 800 周年纪念募捐活动出力。我被派到旧金山，在六天之内作五场报告，这使我精疲力竭。一天上午，当我在脱开呼吸器时昏迷过去。值班护士以为我没事，倘若没有另一位护理传唤伊莱恩，伊莱恩使我苏醒过来的话，我大概早已死去。伊莱恩为这一切危机耗费了大量的情感。我们在 2007 年离婚。离婚之后我一直单独和一位管家住在一起。

第十章

时间简史

A BRIEF HISTORY OF TIME

我第一次想起写一本关于宇宙的普及著作是在 1982 年。我的部分目的是为女儿攒一点学费。（事实上，到这本书实际出版的时候，她已经在中学上最后一个学年了。）但是，写这本书的主要动机，是想解释我们已经在何等程度上理解了宇宙：我们一直在寻找能描述宇宙和其中万物的一个完备理论，现在离这个目标是多么接近了。

如果我准备花时间和精力去写一本书，我就要让它传播给尽可能多的人。我以前写的专业书一向由剑桥大学出版社出版。那家出版社做得很好，但我觉得它不会真正地面向我想影响到的那一类大众市场。因此，我接触到一位名叫阿尔·朱克曼的文学著作代理人，是我的一位同事的亲戚介绍给我的。我给了他第一章的初稿，并且解释道：我希望它成为在机场书店就能买到的那类书。他告诉我这绝不可能。它也许在学术界和学生中销售良好，但是像这样的一本书，绝不可能进入杰弗里·阿彻的领地。

1984 年我给了朱克曼书的第一稿。他把它发给几位出版商并且建议我接受诺顿的报价，诺顿是家很有档次的美国图书公司。可是，我没有采纳这个意见，而决定接受矮脚鸡图书公司的报价。这是一家更面向大众市场的出版商，虽然这个公司并非专门出版科学书籍，然而它的出版物在机场书店很容易得到。

矮脚鸡对这本书的兴趣也许应归因于他们的一位编辑彼德·古查迪。他非常尽责，建议我重写这部书，要写得使像他那样非科学专业的人都能理解。每当我送给他重写的一章，他就发回一个长长的列表，包括一些异议和要我澄清的问题。我时时觉得这个过程将永无终止。但他是对的：这本书经过修改之后好多了。

《时间简史》的
早期封面之一

我在 CERN 时得了场肺炎，只好中断了这部书的撰写。若不是得到一个计算机程序，要完成这部书是根本不可能的。用这个程序有点慢，但那时我思考得慢，所以这很适合我。我利用它几乎完全重写了我的第一稿以回应古查迪的要求。我的一位学生布莱恩·惠特协助我做这一次修改。

雅各布·布罗诺夫斯基的《人类的攀升》电视系列（今天是不允许使用这样的含有性别歧视意味的题目）曾给我留下过深刻的印象。人类从原始野人到我们现在的状况仅需区区一万五千年，这个系列勾画了我们对这整个发展成就的感受。我要传达一种类似感受，就是我们朝着完全理解制约宇宙的定律，已经取得了怎样的进步。我很清楚，几乎每个人都对宇宙如何运行感兴趣，但大多数人无法明白数学方程。我本人对方程也不太在乎。部分原因是我很难把它们写下来，但主要是因为我对方程没有直觉。相反，我依靠图像来思考，我这本书的目标是靠语言描绘这些心里的图像，还借助于一些熟悉的比喻和图形。我希望，大多数人以这种方式能够分享对过去50年间物理学中取得的惊人进步的激动和感受。

即使我避开使用数学，也仍然很难解释某些观念。这就引起一个问题：我是否应解释它们并冒着把人们弄糊涂的危险？或者是否我应该掩饰这些困难？一些不熟悉的概念，诸如以不同速度运动的观察者测量出同一对事件之间的时间间隔不同，就对我要描绘的图像不太重要。因此，我觉得我可以只提到它们而不必深入探讨。但其他困难的思想，对我要作出解释的东西却很重要。

我觉得特别要包括这两种概念：一是所谓的“历史求和”，这是这样一种概念，即宇宙不仅只有一个历史。说得准确些，宇宙有每种可能的历史集合，而所有这些历史都是同等实在的（且不管所谓实在是什么意思）。另外一个使历史求和在数学上有意义而必须解释的概念是“虚时间”。回顾起来，我现在觉得我本应作更大的努力来解释这两项非常难以理解的概念，尤其是虚时间，后者似乎是书中读者最感到麻烦的东西。然而，其实并不真的需要确切理解虚时间是什么——只要知道它与我们称作“实时间”的东西不同即可。

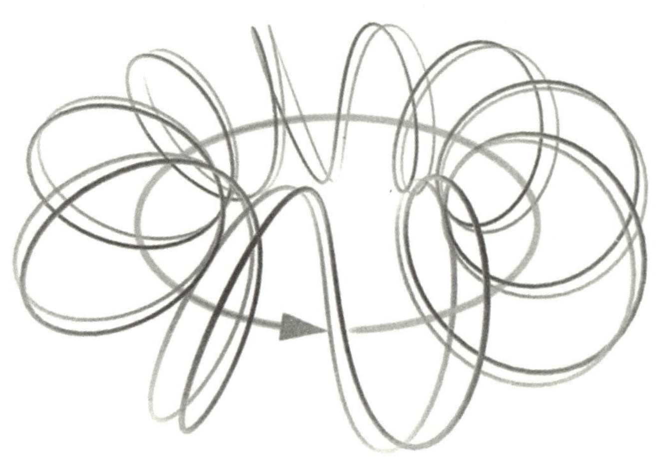

这本书即将发行时，有一位科学家得到了这本书的试印版，那是提供给《自然》杂志写评论的，他发现这部书照片和图片的位置和标号错误百出，而被吓坏了。他给矮脚鸡打电话，他们同样也被吓坏了，并且立刻决定召回并废弃这个印次（开始的第一版书现在也许相当有价值。）矮脚鸡花了紧张的三整周改正和重校全书，及时地在愚人节的出版日期铺到书店上。正好那个时候，《时代》周刊刊登了我的封面人物介绍。

尽管如此，矮脚鸡还是为本书的销售量所震惊。它在《纽约时报》的畅销书榜列名达 147 周之久，而在伦敦《泰晤士报》畅销书榜列名达 237 周之久，已被翻译成 40 种文字，而且在世界范围内销售了超过一千万册。

我为这本书给出的原始书名是《从大爆炸到黑洞：时间短史》，但古查迪将其颠倒过来，并将“短”改为“简”。这真是神来之笔，而且一定对书的成功贡献甚大。自此之后已有了许多这样那样的“简史”，甚至有《麝香草简史》。效仿是奉承的最真诚形式。

为什么这么多人买这本书？对我而言要做到客观评价肯定很难，于是我想还是看他人怎么说的。我发现大多数评论，尽管都是好意的，却没有多少启发性。它们倾向于遵循一个老套：**史蒂芬·霍金患了卢伽雷病**（美国评论用语）**或者运动神经元症**（英国评论用语）；**他被禁锢在轮椅上，不能讲话，而只能动X根手指**（X似乎从1变到3，依评论者读的哪篇关于我的浮泛文章而定），**但他写下了这部所有一切中最大问题的书：我们从何处来，我们往何处去？霍金揭示的答案是宇宙既不创生亦不毁灭；它只是存在。为了阐述这个思想，霍金引进了虚时间概念，我**（是指评论员）**发现有点跟不上了。尽管如此，如果霍金是对的，而我们真的找到了完备的统一理论，我们也就真正理解了上帝的精神。**（我在读校样时几乎删去书中的这个最后一句，也就是我们就会理解上帝的精神。如果我这么做了，那销售量也许会减半。）

我觉得，发表在伦敦的报纸《独立报》上的一篇文章更为敏锐。该文说即使像《时间简史》这样严肃的科学著作也会成为迷信的书。把我的书和《禅和摩托维修技术》相提并论使我感觉受到相当大的恭维。我希望，正如禅宗，它让人们觉得，他们不必和伟大智慧与哲学问题无缘。

无疑地，我身罹残疾，然而努力使自己成为理论物理学家，这种让人们感兴趣的故事也对这本书的销售推波助澜。因书中只有两处提到我的状况，所以凭这种兴趣来购买此书的人士一定十分失望。这部书是试图写宇宙的历史，而非我的历史。但这并没有阻止人们谴责矮脚鸡利用我的疾病以及我与之合作、允许我的照片印在封面上的可耻行为。事实上，按照合同，我对封面无控制权。然而，我的确设法说服英国的出版者使用比那张糟糕的、过时的、曾经用在美国的封面上的较好的照片印在英国版上。然而，因为有人讲美国公众已经把那张照片和书相认同，矮脚鸡不愿改变美国版封面上的照片。

人们还提出，许多人买这部书是为了在书架上或者咖啡桌上展示，实际上并不阅读。我肯定这种事会发生，尽管我不知这情形是否会比大多数其他严肃的书籍更甚。我的确知道至少一些人研读完，因为每天我都会收到关于此书的一叠信件，许多人提出问题并且做出许多仔细的评论，这表明他们读了它，尽管他们不能理解它的全部。我还在街上被陌生人拦住，他们告诉我多么欣赏这本书。我接收到这类公众祝贺的频率（或许我不比多数作者更杰出，但确比他们更与众不同）似乎表示，至少有部分买了这本书的人真的读了它。

自《时间简史》之后，我又写了其他几本书，向较广大的公众解释科学：《黑洞和婴儿宇宙》，《果壳中的宇宙》和《大设计》。我觉得，人们对科学的基本理解是很重要的，这样他们在不断发展的科技世界中就能做出有根据的决定。我的女儿露西和我还写了《乔治的宇宙》系列书籍，这是为儿童，也就是明天的成人写的以科学为基础的奇遇。

第十一章
时间旅行
TIME TRAVEL

1990年基普·索恩提出，通过虫洞也许可能旅行到过去。因此，我认为值得去研究：物理定律是否允许时间旅行。

由于几个原因，公开思考时间旅行是微妙的。如果报界得知政府资助时间旅行的研究，那就会引起抗议，责备政府浪费公币，或者要求研究归类于军事用途。毕竟，如果其他国家已拥有时间旅行而我们却没有，那我们如何保护自己？在物理学圈子里，只有我们中间一些人足够蛮干，从事有人认为不严肃的“政治不正确课题”的研究。于是我们利用技术行话来隐藏我们的焦点，诸如用“闭合的粒子路径”暗指时间旅行。

1689年，伊萨克·牛顿爵士首次对时间作出科学的描述。他在剑桥坐过我也曾坐在其上的卢卡斯教席座椅（尽管在他那时候不是用电力操纵的）。在牛顿的理论中，时间是绝对的，而且无情地前进。不可能折返并回到更早的年代。然而，当爱因斯坦阐述了广义相对论，在该理论中时空被宇宙中的物质和能量弯曲并畸变，这种情形就改变了。时间仍然局部地增加，但现在已存在可能性：时空被弯曲得这么厉害，人们可以沿着一条路径前进，该路径会将他带回到他出发之前。

允许这种情形发生的一种可能性是虫洞，这是可以把空间和时间中不同区域相连接的假设的时空管子。意思是你迈进虫洞的一个开口，而从处于不同空间和时间的其他开口迈出。虫洞，如果它们存在的话，对于快速空间旅行来说是理想的。你可以通过一个虫洞到达这星系的另一面，然后及时赶回来吃晚餐。然而，人们可以证明，如果虫洞存在，你还能使用它们回到你出发之前。那么人们会想到，你能做诸如首先把你自己的太空飞船在它原先的发射台上摧毁，以防止你自己出发之类的事吗？这就是所谓“祖父悖论”的变种：如果你回到过去，在你父亲被孕育之前就把你祖父杀死，将会发生什么？那么你在目前的状态下存在吗？如果答案是否定的话，那就表示你不存在，也不可能回到过去杀死你祖父。当然，如果你相信，当你在时间中回到过去时，拥有自由的意志去为所欲为并且改变历史——只有那样，这才是悖论。

真正的问题是，物理定律是否允许虫洞和时空弯曲到这种程度，使得诸如太空飞船这样的宏观物体能够回到它自己的过去。根据爱因斯坦的理论，一艘太空飞船必须以低于光的局部速度旅行，并且遵循所谓的“类时路径”通过时空。这样，人们能够用专业术语将这问题表述为：时空允许闭合的类时曲线，也就是一次次回到它的出发点的类时曲线吗？

我们可以试着在三种水平上回答这个问题。第一种水平是爱因斯坦的广义相对论。这是被称为经典理论的东西，也就是说，它假定宇宙具有一个定义明确的历史，没有任何不确定性。对于经典广义相对论，我们对于时间旅行可能会如何运作有个相当完整的图像。然而，我们知道，经典理论不可能完全正确，因为我们观察到，宇宙中的物质受涨落支配，而它的行为不能被准确地预言。

1920年代所谓量子论的范式得到发展，它被用来描述这些涨落并量化该不确定性。因此，人们可在这称为半经典理论的第二种水平上询问有关时间旅行的问题。人们在这种水平上考虑经典时空背景下的量子物质场。这里的图像较不完整，但至少我们拥有了某些如何前进的见解。

最后，我们还有完全的量子引力论，无论它可能是什么样的。这里甚至连如何提出“时间旅行可能吗？”的问题都不清楚。也许人们能做的最好的事情，是询问在无穷远处观察者会如何解释他们的测量。他们会认为时间旅行已在时空内部发生了吗？

且返回经典理论：平坦时空不包含闭合的类时曲线，早先知道的爱因斯坦方程的其他解也不包含。所以，当1949年库尔特·哥德尔发现了表述充满旋转物质的宇宙的一个解，而且该解在时空每一点都有闭合类时曲线通过时，这对爱因斯坦是一个巨大的震动。哥德尔解需要一个宇宙常数，现已知道那个常数是存在的，虽然后来找到的其他解没有宇宙常数。

两根高速运动并相互穿过的宇宙弦是说明这点的特别有趣的情形。正如它们的名字所暗示的，宇宙弦是具有长度但截面微小的物体。一些基本粒子理论预言它们会发生。一根单独的宇宙弦的引力场是平坦空间被切掉一个楔形，而弦位于其锐端。于是，如果有人围绕宇宙弦走一圈，其空间的距离比所预料的较短，但时间不受影响。这意味着围绕着单独宇宙弦的时空不包含任何闭合的类时曲线。

然而，如果存在第二根相对于第一根运动的宇宙弦，被它切出的楔形会既缩短空间距离又缩短时间间隔。如果这两根宇宙弦以接近光速的速度做相对运动，围绕着两个弦行进的时间可节省到足以使人回到他出发之前。换言之，存在闭合的类时曲线，人们可以沿着它旅行到过去。

宇宙弦时空包含具有正能量密度的物质，因此在物理上它是合理的。然而，产生闭合类时曲线的翘曲一直延续到无限远的地方而又回到无限远的过去。于是，这类时空是携带着时空旅行而创生的。我们没有理由相信，我们自己的宇宙以这种翘曲的方式创生，而且我们没有来自未来的访问者的可靠证据。（当然，我们在此不理会那种幽浮（UFO）阴谋说，按照那个说法，幽浮来自将来；政府知道那是阴谋并加以掩盖。但政府掩盖的纪录并不那么好。）因此，人们应假定在某一常数时间的面 S 之前不存在闭合的类时曲线。

那么，问题是某种先进文明能否建造时间机器。也就是说，能否修正 S 将来的时空，使在一个有限的区域出现闭合的类时曲线？我说“一个有限的区域”，是因为无论文明变得多先进，都可以设想它只能控制宇宙的有限部分。

在科学中，寻找问题的正确表述经常是解决它的关键，而这就是一个好例子。为了定义一台有限时间机器是指什么，我要回到我早年的某些研究。我将 S 的未来柯西发展定义为时空的点集，这些点处的事件完全由发生在 S 上的东西所确定。换言之，它是这样的时空区域，上面的每一可能的以低于光速运动的路径都来源于 S。然而，如果先进的文明要建造一台时间机器，在 S 的未来就会存在一根闭合的类时曲线 C。C 将会在 S 的未来不断地循环，但它不会回来与 S 相交。这意味着 C 不会在 S 的柯西发展中。这样 S 会有一个柯西视界，这视界是 S 的柯西发展的未来边界。

在一些黑洞的内部或者在反德·西特空间中会出现柯

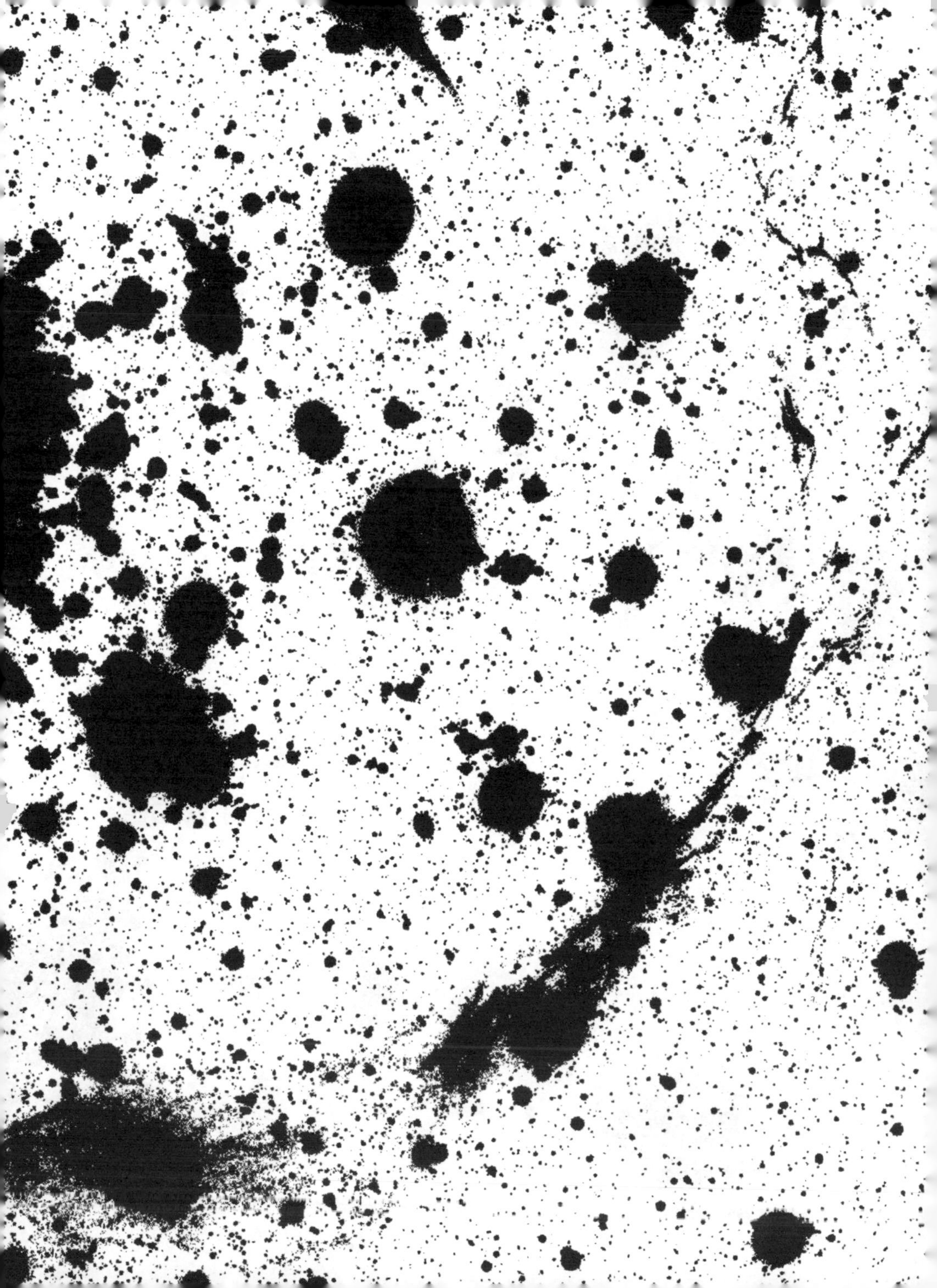

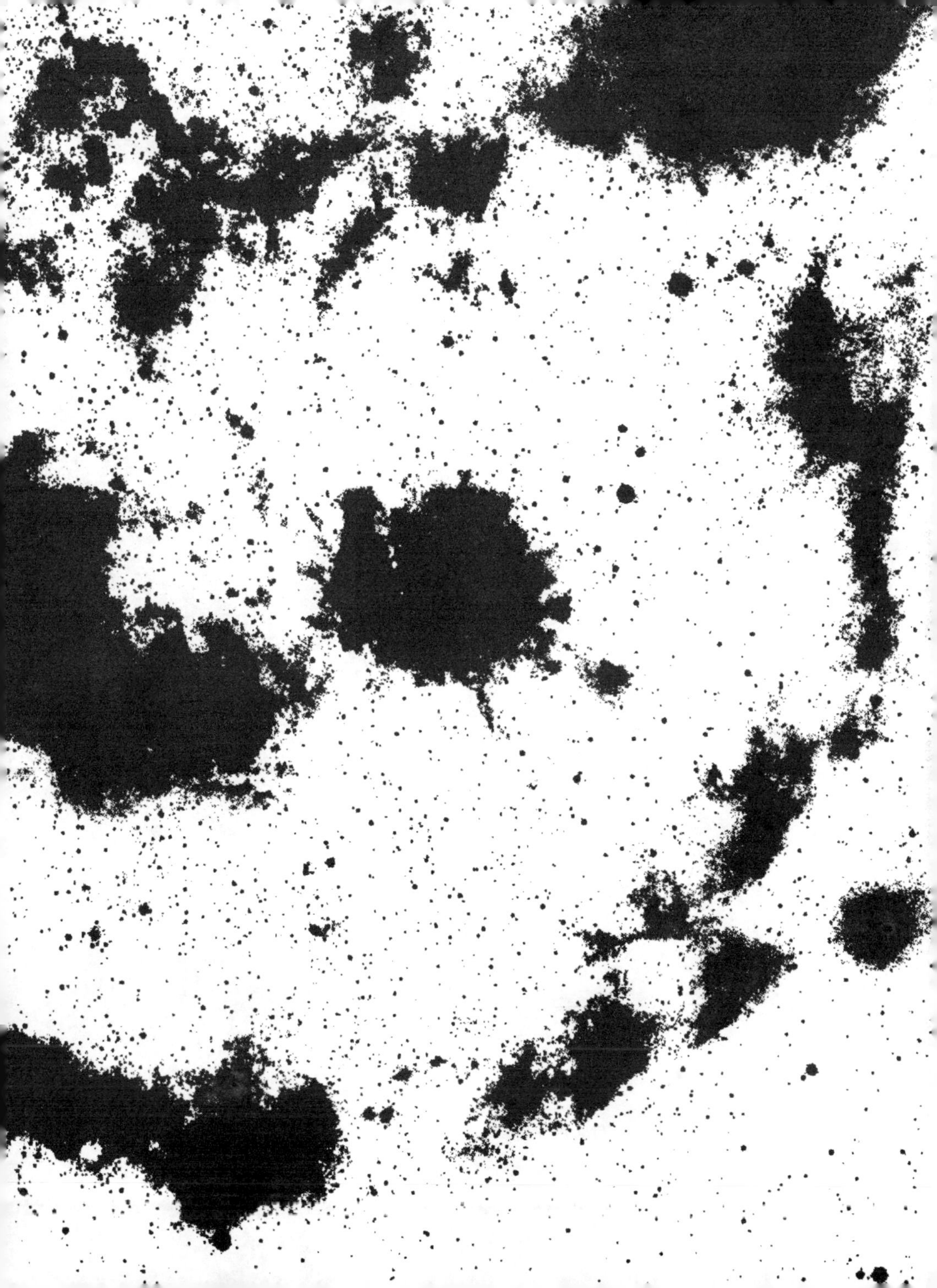

西视界。然而，在这些情形中，形成柯西视界的光线从无限远或者奇点开始，为了创生这样的柯西视界，要么必须将时空一直翘曲到无限远，要么必须在时空中出现奇点。一直延伸到无限远的翘曲时空在理论上甚至超出最先进文明的能力范围，它的能力只能在有限区域翘曲时空。先进文明能够聚集足够物质去导致引力坍缩，至少根据经典广义相对论，由此会产生时空奇点。但是爱因斯坦方程在奇点处无法定义，所以人们无法预言在柯西视界以外将会发生什么，尤其不知道是否会有任何闭合的类时曲线。

因此，人们应将我称为有限生成的柯西视界作为时间机器存在与否的判据。这是都由一紧致区域出发的光线生成的柯西视界。换言之，它们不从无限远或一个奇点到来，而是由包含闭合类时曲线的一个有限区域起始，我们设想过我们的先进文明会创生这一类区域。

采用这个定义当作时间机器的机制有一点便利之处，即人们可以利用彭罗斯和我为研究奇点和黑洞而发展出的因果结构方法。甚至不用爱因斯坦方程，我也能够证明，一般地讲，有限生成的柯西视界会包含一根闭合光线，或一根不断重复回到同一点的光线。此外，光线每一次回转，都会越来越蓝移，于是影像会变得越来越蓝。

上图：和罗杰·彭罗斯（后排中）以及基普·索恩（前排最左），还有其他人
右页图：和罗杰·彭罗斯以及他的妻子凡妮莎

光线每转一圈都会被足够散焦，使得光能量不会聚集成无限大。然而，蓝移意味着一颗光粒子只有有限的历史，该历史是由它自己的时间测度定义的，尽管它在有限的区域中不断绕行，并且不撞到一个曲率奇点上去。

人们也许不在乎一颗光粒子在有限时间里是否完结它的历史。但我还能够证明会存在以低于光速运动的具有有限持续时间的路径。这些可以是在柯西视界之前被陷在有限区域中的观察者的历史，他们越来越快地循环运动并在有限时间内达到光速。

所以，如果飞碟上的一位美艳的外星人邀你进入她的时间机器，小心慎入。你可能落入这些不可逃逸的只有有限持续时间的重复历史之一中。

正如我说过的，这些结果不依赖于爱因斯坦方程，只依赖于时空在有限的区域内必须翘曲以产生闭合类时曲线的方式。然而现在人们可以质问：一种先进文明为了翘曲时空以建造一台有限大小的时间机器需要哪种物质？它能到处都具有正的能量密度，正如在宇宙弦时空中一样吗？人们或许想象，可用宇宙弦的有限的圈建造一个有限的时间机器，并使处处的能量密度为正。我很遗憾让那些想返回过去的人们失望，利用处处正能量密度这一点就做不到。我证明了为了建造一台有限时间机器，你需要负能量。

在经典理论中，所有物理上合理的场都服从弱能量条件，即对于任何观察者而言，能量密度总是大于或等于零。这样，在纯粹经典理论中有限尺度的时间机器被排除在外。然而，在考虑经典时空背景中的量子场的半经典理论中，情形又有所不同。量子论的不确定性原理意味着，场总是上下起伏，甚至在显然空虚的空间中也这样。这些量子起伏使能量密度无限大。于是人们必须减去一个无限大的量以得到观察到的有限能量密度。否则，能量密度会将时空弯曲成一个单独的点。这种减除会使得能量期望值至少在局部上为负。甚至在平坦空间里，人们也可找到其能量密度局部为负，尽管积分的总能量为正的量子态。

人们也许纳闷，这些负的期望值是否真的能使时空以恰当的方式翘曲。但它似乎应该如此。量子论的不确定性原理允许粒子和辐射从黑洞泄漏出来。这使黑洞损失质量，而缓慢地蒸发。由于黑洞视界缩小尺度，在视界的能量密度必然为负，并且弯曲时空以使光线相互散开。如果能量密度总是正的而且弯曲时空，以使光线弯折相互收拢，黑洞视界面积就只能随时间增大。

黑洞蒸发展示，物质的量子能量动量张量有时能在为创造时空机器需要的方向上弯曲时空。因此，人们也许会想象某种非常先进的文明能够做出安排，使能量密度的期望值负到足以形成能被宏观物体使用的时间机器。

但是黑洞的视界跟时间机器中的视界有一个重要的差别。后者包含有不断绕圈走的闭合光线。这会使能量密度无限大，这意味着试图穿过视界进入时间机器的人或者太空船会被辐射的霹雳夺去性命。这也许是来自自然的警告：不要干预过去。

这样，时间旅行的未来似乎是黑暗的：或许我应该说令人炫目的白亮？然而，能量动量张量的期望值依赖于在背景中的场的量子态。人们也许猜测，可能存在其能量密度在视界上有限的量子态，并且存在这种情形的例子。你如何获得这样的量子态，或者它是否对物体穿越视界时稳定，我们不知道。但它可能在一个先进文明的能力之内。

这是一个物理学家可自由讨论而不被嘲笑轻蔑的问题。即使最后结果是时间旅行不可能，我们理解为何它是不可能的也很重要。

我们对完全的量子引力论所知不多。然而，人们可以预料，它只在十亿亿亿亿分之一厘米普朗克长度下与半经典理论不同。时空背景的量子涨落可在微观尺度上顺利创生虫洞和时间机器，但是根据广义相对论，宏观物体不能回到它的过去。

即使在将来发现了某种不同理论，我认为时间旅行将永不可能。如果那是可能的，时到如今，我们早就该备受来自未来的旅客的蹂躏了。

第十二章

虚时间

IMAGINARY TIME

在加州理工学院时，我去了圣巴巴拉，从学院出发沿海岸往北驾车两小时。我和那里的朋友兼合作者詹姆斯·哈特尔一起研究粒子如何从黑洞发射出来的新方法，该方法将粒子能够采取的从黑洞逃出的所有路径叠加起来。我们发现粒子从黑洞发射出来的概率和粒子落入黑洞的概率相关的方式，与热体的发射概率和吸收概率相关的方式相同。这再次展示，黑洞就像拥有温度以及与它们视界面积成比例的熵那样行为。

我们的计算用了虚时间的概念，它可被认为是时间在和通常实时间成直角的一个方向。回到剑桥后，我和两位我过去的学生盖瑞·吉朋斯和马尔科姆·佩里进一步发展这一思想。我们用虚时间来取代实时间。这被称为欧氏方法，因为它使时间变成空间的第四个方向。起初我的研究大受反对，但现在这已被普遍接受为研究量子引力的最好方法。黑洞的欧氏空间是光滑的，而且不包含物理方程会在那里崩溃的奇点。它解决了彭罗斯和我自己的奇点定律提起的基本问题：由于奇点预见性会崩溃。利用欧氏方法我们就能够理解为何黑洞会像热体那样行为并具有熵的深层原因。盖瑞和我还证明了，一个以不断增长速率膨胀的宇宙的行为，就仿佛它拥有黑洞具有的有效温度。那时我们以为永远观察不到这个温度，但它的意义在 14 年后变得明显了。

我主要从事黑洞研究，但我对宇宙学的兴趣由于早期宇宙经历过一个暴胀时期的种种迹象而被重新唤起。宇宙尺度会以愈来愈快的速率增长，正如商店中的价格增长一样。1982 年，我利用欧氏方法证明，这样的一个宇宙会变得稍微不均匀。几乎与此同时，俄国的科学家维亚切斯拉夫·穆哈诺夫得到类似的结果，但那在后来才被西方知道。

这些非均匀性可被认为由盖瑞·吉朋斯和我在8年前发现的在暴胀宇宙中有效温度引起的热起伏所致。后来其他几位科学家也作出类似的预言。我在剑桥举办了一次研讨会，这个领域的所有重要人员都参加了，而且我们在这次会议上建立了我们现在暴胀图像的大部分，包括引起星系形成并由此我们存在的至关重要的密度起伏。

这比宇宙背景探索者（COBE）卫星记录出由密度起伏产生的微波背景在不同方向上的差别早十年。在引力研究中，理论就这样再次超前于实验。后来威尔金森微波各向异性探测器（WMAP）和普朗克卫星证实了这些起伏，并且发现与预言精确一致。

原先的暴胀场景是从宇宙的一个大爆炸奇点起始的。随着宇宙膨胀，假定它不知怎么回事进入暴胀状态。我觉得这并不是一个满意的解释，因为正如前面讨论的，所有方程在大爆炸的时刻都会崩溃。但是，除非人们知道从初始奇点出现什么，他就不能计算宇宙会怎么发展。宇宙学就不具有任何预言能力。所需要的正是没有奇点的时空，正如在黑洞的欧氏版本一样。

剑桥的研讨会后，我在圣巴巴拉刚建立的理论物理研究所度过夏天。我对詹姆斯·哈特尔讲如何应用欧氏方法到宇宙学中去。根据欧氏方法，宇宙的量子行为由对在虚时间中某个种类的历史的费恩曼求和给出。因为虚时间正如空间的另一个方向那样行为，在虚时间中的历史可以是闭合的曲面，正如地球的表面，既没有开端，也没有终结。

詹姆斯和我判定这是最自然的历史集合选择，确实是仅有的自然选择。我们阐述了无边界设想：宇宙的边界条件是，它是闭合的、没有边界的。根据无边界设想，宇宙的开端正如地球的南极，纬度起着虚时间的作用。宇宙作为一个点起始于南极。随着往北运动，代表宇宙尺度的常数纬度的圈会膨胀。询问诸如在宇宙起始之前发生什么因此就变成无意义的问题，因为在南极之南没有任何东西。

时间，正如用纬度测量的，在南极会有一个起始，但是南极和地球上的任何其他点非常像。同样的自然定律，在南极也和在其他地方一样成立。这就排除了对宇宙有一个起始——它会是正常定律崩溃的地方——的古老的异议。这样，倒成了宇宙的开端由科学定律所制约。我们把时间变成空间中的一个方向，这就回避了“时间具有开端”这样一个科学和哲学的困难。

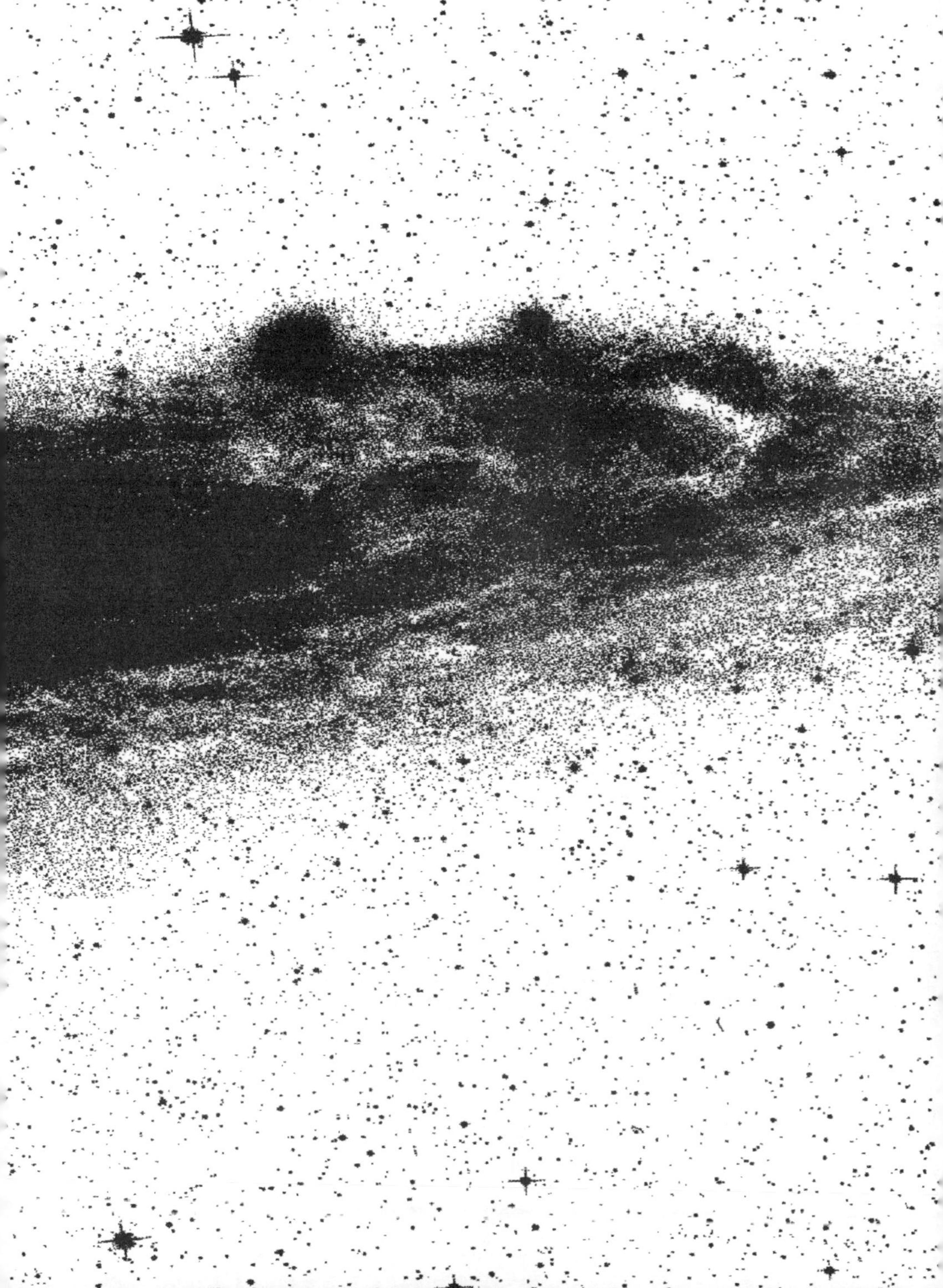

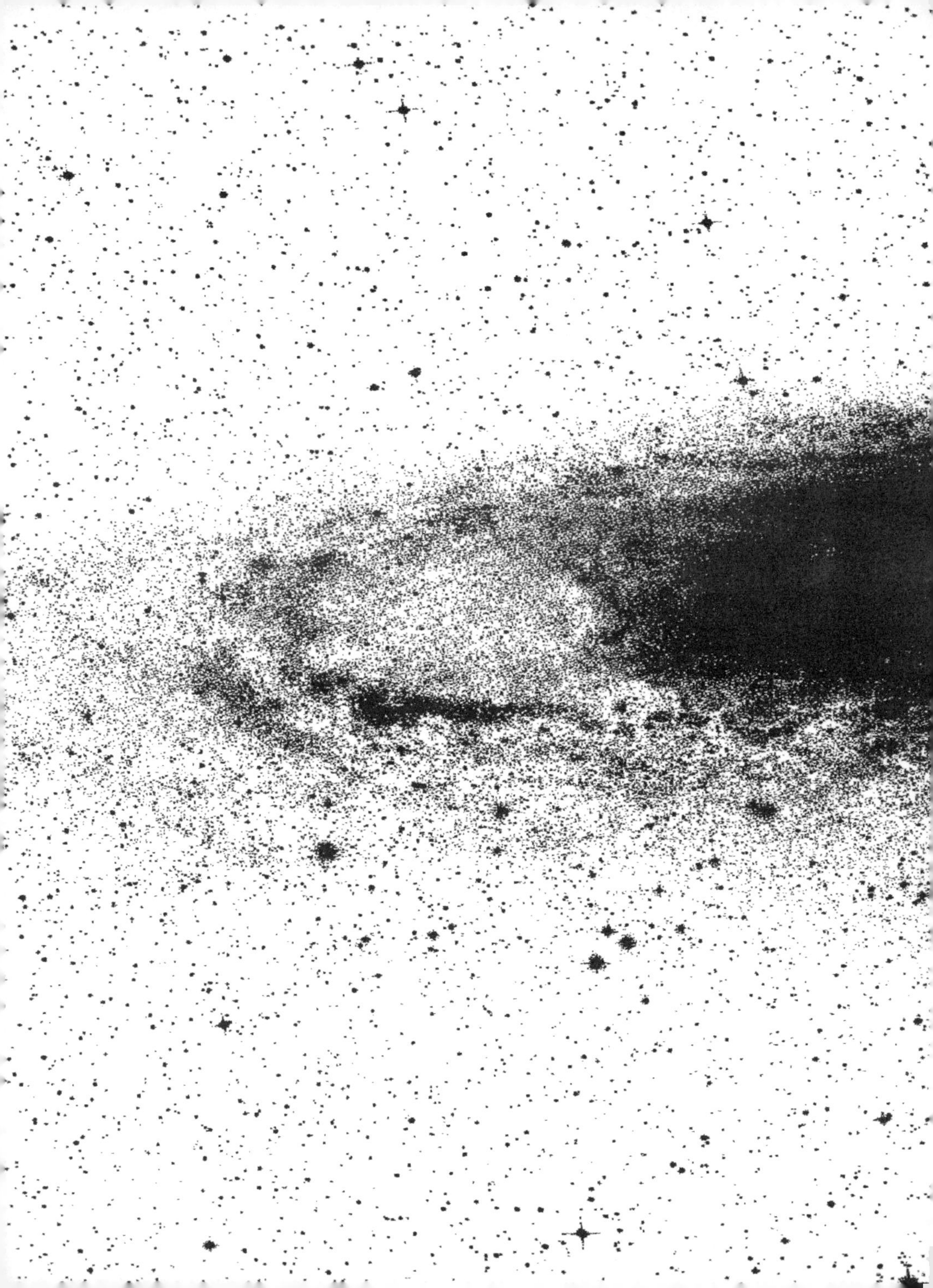

和唐·佩奇（后排最左），基普·索恩（前排右三）和詹姆斯·哈特尔（前排最右），还有其他人

无边界条件意味着宇宙会从无中自发地创生。起初，无边界设想似乎没有预言到足够的暴胀，但我后来意识到，宇宙给定的位形的概率必须由位形的体积加权。最近，詹姆斯·哈特尔，托玛斯·赫托格（另一位过去的学生）和我发现，在暴胀中的宇宙和具有负曲率的空间之间存在对耦性。这就允许我们以一种新方法来阐述无边界设想，并利用为这种空间而发展出来的相当专业的工具。无边界设想预言，宇宙会从几乎完全光滑、但具有微小的偏离起始。随着宇宙的膨胀，这些偏离会增长，并导致星系、恒星和宇宙中包括生物之内的所有其他结构的形成。无边界条件是创生的关键，是我们在此的原因。

第十三章

无边界

NO BOUNDARIES

当我 21 岁患上 ALS 病时，我觉得这太不公平了。这为何会发生在我身上？那时，我认为我的生命完了，而且我将永远不能实现我自认为拥有的潜力。但是现在，50 年之后，我能安然对自己的一生表示满意。我结了两次婚，并有三个漂亮并卓有建树的孩子。我的科学生涯很成功：我认为大多数理论物理学家都同意，我的黑洞量子发射预言是正确的，虽然它迄今还未为我赢得诺贝尔奖，这是因为在实验上证实它非常困难。不过，我赢得了更有价值的基本物理学奖，这是奖给尽管还未被实验证实，却具有理论意义的发现的奖项。

我的残疾并未对我的科学研究形成严重的障碍。事实上，我猜想在某些方面这反而是财富：我不必去讲课或者去教本科生，而且我也不必参与冗长的耗时的委员会。这样，我能够全身心地投入研究。

对于我的同事而言，我只不过是另一位物理学家，但对于广大的公众，我也许是世界上最著名的科学家。这部分是因为科学家们，除了爱因斯坦，并非广为知名的摇滚明星，而且部分是因为我切合残疾人天才的定型。我不能用假发和墨镜来伪装自己——轮椅暴露了我的身份。

成名和易于辨认既有好处也有坏处。坏处是做平常事非常困难，诸如在购物时被要合影的人们围困，而且，过去媒体对我的私人生活有一种不良的兴趣，但是好处远远地超过了坏处。人们似乎真正地喜欢看到我。2012年，我在伦敦残奥会上充当主持人，拥有过数量空前的听众。

我的一生是充实而满足的。我相信残疾人应专注于障碍不能阻止他们做的事，而不必对他们不能做的事徒然懊丧。在我的情形下，我尽力做我要做的大多数事情。

2012 年主持残奥会

我游遍天下。我访问苏联 7 次。我第一次和一组学生同去，其中一人是浸礼会教友，他想散发俄文圣经，并求我们将圣经偷运进去。我们设法做到不被发现，但在我

游览北京天坛

和我的女儿露西会见女王伊丽莎白二世

们返程出关之时，当局已经发现我们之所为，并把我们拘留了一阵。然而，因偷运圣经而对我们罚款会引起国际纠纷和不利的宣传，所以几个小时后就给放行了。另外 6 次是会见苏联的科学家们，那时候不准他们到西方旅行。1990 年苏联解体后，许多最好的科学家到了西方，所以自那以后我再也没去过俄国。

我还访问了日本 6 次，中国 3 次，还去了除澳洲外的每一个大陆，包括南极洲。我会见了韩国、中国、印度、爱尔兰、智利和美国的国家元首。我在北京的人民大会堂和白宫作过讲演。我曾经乘潜水艇下到海里，也曾乘气球和零重力飞行器上到天上，而且我还向“维珍银河”预订了太空飞行。

体验零重力

我早年的研究证明了经典广义相对论在大爆炸和黑洞奇点处崩溃。我后来的研究证明了量子论如何能预言在时间的开端和终结处发生什么。活着并从事理论物理研究，使我拥有一个美妙的生涯。如果说我曾经为理解宇宙添砖加瓦的话，我会因此而感到快乐。

作者介绍：

STEPHEN HAWKING

史蒂芬·霍金 任剑桥大学卢卡斯数学教授30年，是众多奖项和荣誉的获得者，其中包括最近得到的总统自由奖章。他为大众撰写的著作包括经典的《时间简史》、论文集《霍金演讲录》、《果壳中的宇宙》，以及和列纳德·蒙洛迪诺合著的《时间简史（普及版）》和《大设计》。

译者介绍：

吴忠超，1984年在霍金的指导下获得剑桥大学博士学位，1997年、2004年、2006年和2009年曾应霍金邀请访问剑桥，还到过非洲、澳洲、亚洲、北美和南美游学。

上图：
译者于2006年6月23日陪同作者游览颐和园，右为作者私人助理茱迪。

ILLUSTRATION CREDITS

Courtesy of Mary Hawking: pages iv, 8,11,14,17,19,22,27, 33,35

Courtesy of Stephen Hawking: 13,26,29,30,48, 61,69,80,89,93,94,95 and 113

National Archives and Records Administration: page 16

Herts Advertiser: page 37

Gillman & Soame: pages 40,41,42–3,46

Suzanne McClenahan: page 57

Lafayette Photography: page 59

John McClenahan: page 62

Courtesy of the Archives, California Institute of Technology: pages 82 and 83

Bernard Carr: pages 112 and 121

Judith Croasdell: page 125

Zhong Chao Wu: page 126

Alpha/Globe Photos, Inc.: page 127

Steve Boxall: page 128

图书在版编目（C I P）数据

我的简史 / (英) 霍金著 ; 吴忠超译. -- 长沙 :湖南科学技术出版社, 2014.7 (2018.4重印)

书名原文: My brief history

ISBN 978-7-5357-7440-8

Ⅰ. ①我… Ⅱ. ①霍… ②吴… Ⅲ. ①霍金，S.－自传 Ⅳ. ①K835.616.14

中国版本图书馆 CIP 数据核字(2014)第 135814 号

原书名：*MY BRIEF HISTORY*

我的简史

著　　者：[英]史蒂芬·霍金

译　　者：吴忠超

责任编辑：孙桂均　李　媛

文字编辑：陈一心

出版发行：湖南科学技术出版社

社　　址：长沙市湘雅路 276 号

http://www.hnstp.com

湖南科学技术出版社天猫旗舰店网址：

http://hnkjcbs.tmall.com

邮购联系：本社直销科 0731-84375808

印　　刷：湖南省众鑫印务有限公司

（印装质量问题请直接与本厂联系）

厂　　址：长沙县榔梨镇保家工业园

邮　　编：410129

版　　次：2014年7月第1版

印　　次：2018年4月第6次印刷

开　　本：889mm×1194mm　1/24

印　　张：$6\frac{5}{6}$

插　　页：4

书　　号：ISBN 978-7-5357-7440-8

定　　价：42.00 元

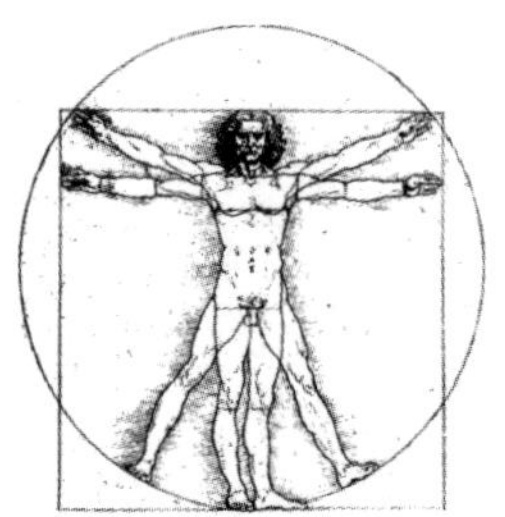

致明日世界的构思者